Os Animais
conforme o Espiritismo

Um estudo no qual Allan Kardec
aborda o assunto Animais

Do mesmo autor dos sucessos:

Todos os Animais Merecem o Céu
Todos os Animais São Nossos Irmãos
Errar é humano… Perdoar é canino!

Marcel Benedeti

Os Animais
conforme o Espiritismo

Os Animais conforme o Espiritismo
2012 • Marcel Benedeti

Mundo Maior Editora
Fundação Espírita André Luiz

Diretoria Editorial: Onofre Astinfero Baptista
Editor: Antonio Ribeiro Guimarães
Assistente Editorial: Marta Moro
Criação de Capa e Diagramação: Helen Winkler
Revisão: Equipe Mundo Maior

Rua Duarte de Azevedo, 728 – Santana.
02036-022 – São Paulo – SP.
(11) 4964-4700 – editorial@feal.com.br

A reprodução parcial ou total desta obra, por qualquer meio ou processo eletrônico, digital, somente será permitida com a autorização por escrito da editora.
(Lei n° 9.610 de 19.02.1998)

As opiniões, hipóteses e conclusões ou recomendações expressas neste material são de responsabilidade dos autores e não necessariamente refletem a visão da FEAL.

Janeiro / 2020 – 5ª edição

Dados Internacionais de Catalogação na Publicação (CIP)
Angelica Ilacqua CRB-8/7075

B398a
    Benedeti, Marcel, 1962-2010
       Os animais conforme o Espiritismo / Marcel Benedeti. – 5. ed. – São Paulo (SP): Fundação Espírita André Luiz, 2020.
       224 p.

    Bibliografia
    ISBN 978-85-7943-045-9

    1. Animais - Ponto de vista espírita 2. Espiritismo I. Título

19-1877   CDD 133.93

Índices para catálogo sistemático:
1. Animais - Ponto de vista espírita 133.93

Sumário

Apresentação 9
Progressão da alma animal 11
Inteligência animal 29
A alma animal 45
Os instintos animais 77
Os três reinos 89
Comer ou não comer carne 97
A origem da alma animal (discussão) 107
Origem dos animais 113
O homem no reino animal 123
Hipótese sobre a origem do corpo humano 133
Animais e mediunidade 141

Passes em animais 157
Psiquismo nos animais... 159
Animais no mundo espiritual 161
Amor pelos animais 167
Livre-arbítrio dos animais 169
Deus animal 171
Ser à parte! 175
Retrogradação da alma 177
Progressão do Espírito e seus corpos físicos 185
Os animais são nossos irmãos 191

Pequenas Histórias – Grandes Consequências

A vida na Fazenda Modelo 203
O novo e o velho 211
O homem gentil e os 40 cães.. 215

Bibliografia.. 221

> *Quando nos referirmos a animais, na maioria das vezes, estaremos nos referindo ao espírito encarnado em corpos animais. Do mesmo modo que, ao nos referirmos a homens ou humanos, estaremos nos referindo ao espírito encarnado na fase de humanidade.*
>
> inspirado no Cap. XI de *O Livro dos Espíritos,* de Allan Kardec

APRESENTAÇÃO

Nesta obra, transcrevemos vários enunciados encontrados nas obras de Allan Kardec (*O Livro dos Espíritos, O Livros dos Médiuns, Revista Espírita, O Evangelho segundo o Espiritismo, A Gênese* e *Obras Póstumas*) no que se refere aos animais direta ou indiretamente.

A nossa intenção – ao reunir em um mesmo local várias citações a respeito de animais na Codificação – é permitir às pessoas que gostam do assunto e queiram estudar a espiritualidade dos animais do ponto de vista do Espiritismo e mais especificamente do ponto de vista do Espírito de Verdade, uma mais rápida busca dos enunciados sobre eles. Assim reunidos em um mesmo local, há também maior facilidade em encontrar os tópicos relacionados, além daquele mais conhecido, encontrado em *O Livro dos Espíritos*, intitulado "Os Animais e o Homem".

Cada enunciado é seguido de um comentário explicativo e interpretativo que procura elucidar o tema de maneira simples e objetiva, de modo que qualquer pessoa possa lê-los e entendê-los sem dificuldade.

Com isso procuramos desfazer as dúvidas sobre este assunto que, por causa do orgulho humano, que não querer admitir que não estamos sozinhos no Universo e que há outros seres inteligentes e sensíveis ao nosso lado, ainda provoca polêmicas e discussões infrutíferas entre as pessoas, que usam argumentos não doutrinários, sobre a espiritualidade dos animais, como se fossem conceitos espíritas, sem o serem.

Nesta reunião de argumentos do Espírito de Verdade encontramos que os animais têm alma; que o Espírito do homem já foi o de um animal e até de um vegetal; que os animais são inteligentes; são sensíveis; que ao desencarnarem não perdem a sua individualidade; que alma-grupo não existe; que evoluem como nós e chegarão algum dia à condição de arcanjo; que eles reencarnam; que podem ser médiuns, entre outras informações úteis e surpreendentes.

Progressão da Alma Animal

1. Há uma lei geral que rege os seres da criação, animais ou inanimados: é a lei do progresso. Os Espíritos estão submetidos a ela pela força das coisas. (*Revista Espírita,* março de 1864)

Comentários: Todos os Espíritos, e não somente os seres humanos, estão sujeitos ao progresso. Por isso o Espírito evolui do átomo ao arcanjo.

2. Pode um animal aperfeiçoar-se a ponto de se tornar um Espírito Humano?

R: Ele pode, mas depois de passar por muitas existências animais, seja no nosso planeta terrestre, seja em outros. (*Revista Espírita,* março de 1860)

Comentários: Esse enunciado da *Revista Espírita* publicada por Kardec em 1860 elimina quaisquer dúvidas sobre a evolução que acontece no reino animal, para o espírito, que futuramente alcançará o mérito de se tornar integrante do meio humano.

3. Há progresso de vossa parte por compreender esse aperfeiçoamento dos animais... Eu disse que há um progresso moral para o animal. (*Revista Espírita*, julho de 1860 – Cap. III – Espírito de Charlet)

Comentários: Até mesmo a nossa disposição em aceitar e entender que os animais, como seres espirituais, evoluem e ainda chegarão à fase de humanidade é uma demonstração de nossa própria evolução moral e espiritual.

Não há porque nos admirarmos que os animais podem evoluir do ponto de vista moral, pois, se sabemos que um dia alcançarão à fase humana, na qual a evolução moral é destaque em nossas personalidades, não se pode esperar que a moralidade somente surja nesta fase. Se o que caracteriza o ser humano são os atributos morais, onde os conseguiríamos senão na fase animal, ainda que em rudimentos?

4. Não admitir o progresso daquilo que há abaixo do homem seria um contrassenso, uma prova de ignorância e de completa indiferença. (*Revista Espírita*, março de 1860 – FEB)

Comentários: O orgulho de muitas pessoas faz com que elas não aceitem o fato de que o nosso Espírito tenha passado por fases anteriores. Nós já habitamos corpos tão primitivos quanto o mais primitivo ser que possamos imaginar e, ao longo de diversas experiências reencarnatórias, atingimos a fase humana. No entanto, esta indiferença e este pouco conhecimento ou vontade de entender desaparecerá em futuro próximo.

5. Julgando então da causa pelo efeito, conseguiram calcular-lhe os elementos e, mais tarde, os fatos lhes vieram confirmar as previsões. Apliquemos este raciocínio a outra ordem de ideias. Se se observa a série dos seres, descobre-se que eles formam uma cadeia sem solução de continuidade, desde a matéria bruta até o homem mais inteligente. Porém, entre o homem e Deus, alfa e ômega de todas as coisas, que imensa lacuna! Será racional pensar-se que no homem terminam os anéis dessa cadeia e que ele transponha sem transição a distância que o separa do infinito? A razão nos diz que entre o homem e Deus outros elos necessariamente haverá, como disse aos astrônomos que, entre os mundos conhecidos, outros haveria, desconhecidos. (*O Livro dos Espíritos* – Introdução)

Comentários: Aqui Allan Kardec afirma que não há interrupções na evolução do Espírito desde sua criação até o ser humano. Desde o mineral ao homem a evolução não se interrompe, passando pelos reinos diversos, incluindo o animal. Portanto não há como duvidar que já estivemos nos estágios anteriores.

6. Os animais estão sujeitos, como o homem, a uma lei progressiva? "Sim, e daí vem que nos mundos superiores, onde os homens são mais adiantados, os animais também o são, dispondo de meios mais amplos de comunicação. São sempre, porém, inferiores ao homem e se lhe acham submetidos, tendo neles o homem servidor inteligentes". **Nada há nisso de extraordinário, tomemos os nossos mais inteligentes animais, o cão, o elefante, o cavalo, e imaginemo-los dotados de uma conformação apropriada a trabalhos manuais. Que não fariam sob a direção do homem?** (*O Livro dos Espíritos* – Cap XI – nº 601)

Comentários: Todos os espíritos são criados simples e ignorantes e depois evoluem do átomo ao arcanjo. Passando por fases evolutivas, estagiam em períodos primitivos, entre seres primários da evolução, passando depois à fase vegetal e animal, antes da fase hominal. Assim como a nossa evolução ocorre daqui ao arcanjo, ela aconteceu também do vegetal ao animal assim como do animal ao homem. Portanto, o ser humano não detém o privilégio da evolução, pois tudo na Natureza evolui, inclusive a alma dos animais.

Ao mesmo tempo em que está acontecendo a nossa evolução, ocorre a dos animais. Por isso, enquanto evoluímos, os animais também evoluem.

Evoluindo os animais, quando se encontrarem em uma condição de reencarnar como animais mais evoluídos, nós estaremos também em outra situação evolutiva mais elevada e os teremos como auxiliares inteligentes. Estando na condição de animais, não poderiam ser superiores aos seres humanos, porque a fase animal é anterior a humana. E, quanto mais inteligente for o animal e maior for o aproveitamento deles ao nosso lado, mais rápida será a sua evolução sob nossa orientação.

7. Os animais progridem, como o homem, por ato da própria vontade, ou pela força das coisas? "Pela força das coisas, razão por que não estão sujeitos à expiação".
(*O Livro dos Espíritos* – Cap. XI – nº 602)

Comentários: Este enunciado traz uma informação importante no que se refere à lei de ação e reação, pois diz que eles, os animais, não estão sujeitos à expiação, ou seja, não possuem carma. O sofrimento pelos quais eles passam é puramente para aprendizado e não para que quitem alguma dívida do passado, como ocorre conosco, os seres humanos.

A evolução dos Espíritos animais não acontece por suas vontades, pois, como já foi comentado anteriormente, eles não possuem "o livre-arbítrio" neste sentido. Qualquer ação relativa ao progresso, não se dá porque eles querem que sejam, pois a maioria dos animais não possui consciência de seu estado de seres espirituais em evolução. Para eles mesmos, a evolução é imperceptível. O termo "por força das coisas" refere-se à organização espiritual superior agindo sobre os espíritos animais, que não poderiam se conduzir, por si mesmos, por meio da evolução.

8. Na infância da Humanidade, o homem só aplica a inteligência à cata do alimento, dos meios de se preservar das intempéries e de se defender dos seus inimigos. Deus, porém, lhe deu, a mais do que outorgou ao animal, o desejo incessante do melhor, e é esse desejo que o impele à pesquisa dos meios de melhorar a sua posição, que o leva às descobertas, às invenções, ao aperfeiçoamento da Ciência, porquanto é a Ciência que lhe proporciona o que lhe falta. Pelas suas pesquisas, a inteligência se lhe engrandece, o moral se lhe depura. Às necessidades do corpo sucedem as do Espírito. Depois do alimento material, é preciso o alimento espiritual. É assim que o homem passa da selvageria à civilização. (*O Evangelho segundo o Espiritismo* – Cap. XXV – Buscai e achareis – nº 2)

Comentários: O ser humano, depois de passar por todas as fases anteriores de sua evolução, aprendeu tudo o que é necessário para continuar a sua busca pela perfeição. As experiências adquiridas naquelas fases mais primitivas servem, hoje, de parâmetros para desviar-se das más tendências, pois conhece os limites de seus instintos e de sua moral. Desde que saiu daquelas fases primitivas e começou a exercitar sua inteligência, elevou também seu nível moral.

Os animais aprendem conosco para chegarem ao nosso nível, futuramente.

9. Por outro lado, se procurardes as cabanas de folhagens e as tendas das primeiras idades do mundo, encontrareis, em lugar de umas e outras, os palácios e os castelos da civilização moderna. As vestes de peles brutas sucederam os tecidos de ouro e seda. Enfim, a cada passo, achais a prova da marcha incessante da Humanidade pela senda do progresso. (*O Livro dos Médiuns* – Cap. XXII – Da mediunidade nos animais – nº 236)

Comentários: Os seres humanos, por terem passado por todas as fases anteriores, isto é, também pela fase de animalidade, possuem conhecimento maior que o dos animais. Usando todo o conhecimento anterior, nós podemos criar mais com nossa inteligência e termos mais condições de evoluir mais rapidamente. No entanto, a evolução existe, de modo muito mais discreto, no meio animal e principalmente entre aqueles que convivem conosco como animais domésticos.

São estes que possuem maiores condições de evoluir mais rápido pelo aprendizado que recebem de nós. Mas até mesmo os animais selvagens mostram sinais de inteligência e iniciativas individuais. Não é incomum verificar entre os animais aqueles que, usando sua iniciativa e inteligência, constroem ferramentas para lhes auxiliar em alguma atividade ligada à sua sobrevivência. Assim o ser humano não é o único capaz de raciocinar, porém a inteligência do homem é diferente no sentido de possuir uma maior amplitude de objetivos, nas aplicações de sua inteligência.

10. Desse progredir constante, invencível, irrecusável, do Espírito humano e desse estacionamento indefinido das outras espécies animais, haveis de concluir comigo que, se é certo que existem princípios comuns a tudo o que vive e se move na Terra: o sopro e a matéria, não menos certo é que somente vós, Espíritos encarnados, estais submetidos à inevitável lei do progresso, que vos impele fatalmente para diante e sempre para diante. (*O Livro dos Médiuns* – Cap. XXII – Da mediunidade nos animais – n.º 236)

Comentários: Lendo outras obras da Codificação, encontramos os seguintes dizeres: *nosso planeta, como tudo existente, está sujeito à lei do progresso. Progride fisicamente pela transformação de seus componentes e moralmente pela depuração dos Espíritos encarnados e desencarnados que o povoam.* (*A Gênese* – Cap. XVIII – n.º 2). Perceba que não há referência a serem somente os espíritos de seres humanos que progridem. Por isso cremos que Erasto não pretendia que suas palavras fossem mal interpretadas e talvez até mesmo ridicularizadas pelas pessoas céticas da época, que não conheciam praticamente nada das coisas do Espírito. O evoluir humano é algo facilmente perceptível, enquanto o progresso animal é algo que necessita de uma observação mais apurada, que as pessoas da época não tinham. Mesmo assim é preciso observar o que diz *O Livro dos Espíritos* – n.º 601: *Os animais estão sujeitos, como o homem, a uma lei progressiva? Sim; e daí vem que nos mundos superiores, onde os homens são mais adiantados, os animais também o são, dispondo de meios mais amplos de* *comunicação. São sempre, porém, inferiores ao homem e se lhe acham submetidos, tendo o homem neles servidores inteligentes.*

11. Deus colocou os animais ao vosso lado como auxiliares, para vos alimentarem, para vos vestirem, para vos secundarem. Deu-lhes uma certa dose de inteligência, porque, para vos ajudarem, precisavam compreender, porém lhes outorgou inteligência apenas proporcionada aos serviços que são chamados a prestar. Mas, em sua sabedoria, não quis que estivessem sujeitos à mesma lei do progresso. Tais como foram criados se conservaram e se conservarão até a extinção de suas raças. (*O Livro dos Médiuns* – Cap. XXII – Da mediunidade nos animais – nº 236)

Comentários: Como comentário usaremos outro texto da Codificação. (*O Livro dos Espíritos* – nº 602). *Os **animais progridem, como o homem**, por ato da própria vontade, ou pela força das coisas? Pela força das coisas, razão por que não estão sujeitos à expiação.*

Aqui fica explícito que os animais progridem como o homem, isto é, sujeito às mesmas leis de progresso. O Espírito de Erasto provavelmente estava se referindo aos corpos dos animais, que não progridem. Os corpos serão sempre os mesmos modelos usados para a manifestação dos espíritos sem que se altere com o passar do tempo. Como dissemos, a evolução das espécies na verdade não ocorre, pois surgem novos modelos corpóreos em substituição a outros menos eficazes, mas são modelos preexistentes incluídos pela vontade dos Espíritos encarregados das atividades da Natureza do nosso planeta.

12. Se os seres orgânicos complexos não se reproduzem dessa maneira, quem sabe como eles começaram? Quem conhece o segredo de todas as transformações? Quando se vê o carvalho e a bolota (semente do carvalho), quem poderá dizer que não há um elo misterioso entre o pólipo e o elefante? Deixemos ao tempo o cuidado de levar a luz ao fundo desse abismo, se um dia ele puder ser sondado. Esses conhecimentos são interessantes, sem dúvida, sob o ponto de vista da Ciência pura, mas não são eles que influem sobre os destinos do homem*.
(*A Gênese* – Cap. X – Geração orgânica – nº 23)

Comentários: Os livros da Codificação Espírita foram escritos há cerca de 155 anos. Naquela época não se conheciam profundamente as bases evolutivas das espécies nem os pilares da genética que são conhecidos hoje em dia. Qualquer argumento que o Espírito de Verdade usasse não seria compreendido pelas pessoas daquele tempo. Por isso ele diz: quem sabe? Isso não significa que ele não soubesse, mas que ele não teria como explicar as bases evolutivas às pessoas que não conheciam a Ciência de hoje. Naquela época nem se cogitava a respeito de DNA ou de código genético. Não se poderia dar maiores explicações a pessoas ignorantes,

---

* *Revista Espírita*, julho de 1868, pág. 261: Desenvolvimento da teoria da geração espontânea.

mas ele recomendou que aguardasse, pois a Ciência teria posteriormente explicações incontestáveis e hoje nós já as temos.

13. Entre os reinos vegetal e animal não há delimitação nitidamente traçada. Na fronteira dos dois estão os zoófitos ou animais-plantas cujo nome indica que participam de um e do outro: é um traço de união. (*A Gênese* – Cap. X – nº 24)

Comentários: O que diferencia um representante do reino vegetal de outro do reino animal é o aspecto físico, bioquímico e a forma de reprodução. Os vegetais sintetizam sua fonte de energia pela fotossíntese. Os animais não sintetizam seus nutrientes e preci...sam buscar no ambiente os seus meios de sobrevivência. Os "animais-plantas", citados pelo Espírito de Verdade, eram somente uma suposição daquela época em que não se conhecia a origem daqueles seres, conhecidos hoje como poríferos. São as esponjas do mar; as anêmonas do mar; as águas-vivas e outros. Por causa de sua aparência, acreditava-se que eram seres intermediários entre animais e plantas, mas, na verdade, são seres totalmente pertencentes ao reino animal. No entanto, existem seres intermediários entre os reinos. Os fungos são exemplos desta fase intermediária, pois possuem características tipicamente vegetais e animais. Os liquens são associações entre algas e fungos.

14. Como os animais, as plantas nascem, vivem, crescem, nutrem-se, respiram, reproduzem-se e morrem. Também necessitam de luz, calor e água. Faltando esses elementos, definham e morrem. A absorção de um ar viciado e de substâncias deletérias as envenena. Sua característica distintiva mais marcante é a de estarem fixadas ao solo e de aí retirarem sua nutrição, sem se deslocarem. O zoófito tem aparência exterior da planta. Como planta, ele se atém ao solo. Como animal, a vida nele é mais acentuada; ele tira sua nutrição do meio ambiente. (*A Gênese* – Cap. X – nº 24)

Comentários: De fato, os vegetais possuem, em sua maioria, vida fixa, isto é, estão presos ao solo de onde tiram as substâncias nutrientes. Mas há os poríferos que também têm vida fixa, sem serem vegetais. Ambos os grupos podem se intoxicar com produtos deletérios concentrados no ambiente, contudo os representantes do reino animal são mais sensíveis, pois necessitam totalmente do ambiente para buscar seus nutrientes, enquanto os vegetais fabricam o seu, em parte.

15. Um grau acima, o animal está livre e vai procurar seu alimento; inicialmente são as inumeráveis variedades de pólipos, em corpos gelatinosos, sem órgãos distintos e que só se diferem das plantas pela locomoção (...) (*A Gênese* – Cap. X – nº 24)

Comentários: Alguns destes pólipos ou anêmonas se fixam aos cascos de embarcações ou de outros animais para compensar a sua dificuldade de locomoção. O que mostra a capacidade de usar uma inteligência, ainda que rudimentar, que já possuem. Com o avanço da Ciência, soube-se que estes seres possuem estruturas anatômicas relativamente complexas, em alguns grupos. Pelos padrões daquela época, a observação grosseira demonstrava poucas diferenças entre estes seres do reino animal com os do reino vegetal, mas existem, como sabemos agora, outros meios de diferenciá-los.

16. (...) seguem-se, na ordem do desenvolvimento dos órgãos, da atividade vital e do instinto, os helmintos ou vermes intestinais; os moluscos, animais carnosos, sem osso, dos quais uns são nus, como as lesmas, as polpas ou os polvos, outros (*Revista Espírita,* julho de 1868, nº 201: *Desenvolvimento da teoria da geração espontânea*) **outros são revestidos de conchas, como os caramujos, as ostras. Depois vem os crustáceos, cuja crosta é revestida de uma casca dura, como os caranguejos e as lagostas; os insetos, nos quais a vida toma uma atividade prodigiosa e se manifesta o instinto industrioso, como a formiga, a abelha, a aranha. Alguns sofrem metamorfose, como a lagarta, que se transforma em elegante borboleta. Vem, a seguir, a ordem dos vertebrados, animais com esqueleto ósseo, que compreende os peixes, os répteis, os pássaros e, por último, os mamíferos, cuja organização é a mais completa.** (*A Gênese* – Cap. X – nº 24)

Comentários: Os cientistas Peter Tompkins e Christopher Bird demonstraram existir alguns rudimentos de instintos em plantas, que se assemelham a dos animais, em que são mais distintos e desenvolvidos. Os vermes, os moluscos e os artrópodes são os representantes dos animais mais evoluídos a partir daqueles mais primitivos, mas depois destes há os vertebrados e dentre eles os mamíferos que são os mais evoluídos (quando usamos este termo "evoluídos" estamos nos referindo à evolução de acordo com a Ciência e não com o espírito).

17. (...) a alma progride sem cessar por meio de uma série de existência sucessivas, até alcançar o grau de perfeição que lhe permite se aproximar de Deus. Ele sabe que todas as almas, como possuem um mesmo ponto de partida, são criadas iguais, com uma mesma aptidão para progredir em virtude de seu livre-arbítrio; que todas são da mesma essência (...) (*A Gênese* – Cap. I – nº 30)

Comentários: Diz-se que todos os Espíritos são criados simples e ignorantes e progridem do átomo ao arcanjo. Se todos os Espíritos são criados deste modo e evoluem assim, é lícito crer que os seres humanos, como seres espirituais, tenham vindo de posições evolutivas inferiores. Aqui neste enunciado encontramos que todas as almas (ou Espíritos) são criadas iguais. Perceba que não existe em nenhum lugar da Codificação alguma referência quanto à distinção entre a origem inicial para a alma humana e o ponto inicial da alma animal. O Espírito é criado, a partir de um certo momento, e progride, pois "que todas são da mesma essência".

18. Considerando a humanidade no menor grau da escala intelectual, entre os selvagens mais atrasados, cabe perguntar se esse é o ponto de partida da alma humana. (...) o princípio inteligente, distinto do princípio material, se individualiza, se elabora, passando pelos diversos graus da animalidade. É aí que a alma se ensaia para a vida e desenvolve, pelo exercício, suas primeiras faculdades. Seria, por assim dizer, seu período de incubação. Chegando ao grau de desenvolvimento que essa fase comporta, ela recebe as faculdades especiais que constituem a alma humana. Haveria, assim, filiação espiritual, como há corporal. Esse sistema, baseado sobre a grande lei de unidade que preside a criação, corresponde, é preciso convir, à justiça e à bondade do Criador. Dá uma saída, um alvo, um destino aos animais, que não seriam mais seres desertados, mas encontrariam no futuro que lhes está reservado uma compensação a seus sofrimentos. (*A Gênese* – Cap. XI – nº 23)

Comentários: O espírito primitivo necessita de um corpo físico primitivo, por isso o selvagem pode abrigar um espírito recém-ingresso no círculo da Humanidade, vindo de outro, a animalidade, na qual adquiriu experiências suficientes para credenciá-lo a entrar para esta nova fase evolutiva. Crer que os espíritos humanos tenham sido a evolução dos espíritos inferiores da criação é crer na Justiça Divina, pois conseguir atingir este patamar seria um prêmio por todos os sofrimentos pelos quais os animais já passaram nas fases anteriores à humanidade.

19. O que constitui o homem espiritual não é sua origem, mas os atributos especiais dos quais está dotado quando entra na humanidade; atributos que o transformam e fazem dele um ser distinto, como o fruto saboroso é distinto da raiz amarga de onde saiu. Por ter passado pela fieira da animalidade, o homem não seria menos homem; não seria animal, como o fruto não é raiz, ou o sábio não é o disforme feto, pelo qual veio ao mundo. Mas esse sistema levanta numerosas questões, cujos prós e contras não é oportuno discutir aqui nem examinar as diferentes hipóteses feitas sobre esse assunto. Sem procurar a origem da alma e as etapas pelas quais tenha passado, *vamos considerá-la ao entrar na humanidade*, ponto em que está dotada do senso moral e do livre-arbítrio e começa a exercer responsabilidade por seus atos. (*A Gênese* – Cap. XI – Encarnação dos Espíritos – nº 23)

Comentários: Algumas pessoas têm muita resistência em aceitar que a alma humana tenha passado pela fase animal, pois se consideram seres à parte na criação. De fato, na Codificação encontramos algumas vezes que somos seres à parte. Mas não fomos criados nesta condição. Conseguimos atingir esta diferenciação por mérito, pelas nossas conquistas adquiridas nas fases anteriores à Humanidade.

Crer que estivemos estagiando em fases tão primitivas quanto a de um rato ou uma lagartixa repugna muitas pessoas que se veem feridas em seus orgulhos de seres superiores. No entanto *"por ter passado pela fieira da animalidade, o homem não seria menos homem"*. Se há, nestas pessoas, o orgulho de sermos humanos, melhor seria tê-lo pelo fato de termos passado por todas aquelas dificuldades do caminho, pela animalidade, e conseguido atingir o objetivo, apesar de todas as dificuldades criadas, principalmente, pelos humanos, que nos dificultaram a nossa subida.

Entretanto, tornar-se humano exige maiores responsabilidades. Não adianta apenas termos orgulho de ser humanos. É preciso ser bons seres humanos, que amem o seu próximo, seja animal, homem ou outro ser que seja. Isso ainda não aconteceu, pois o nosso caminho ainda é longo.

20. O erro consiste em pretender que a alma tenha saído perfeita das mãos do Criador, quando Ele, ao contrário, quis que a perfeição fosse o resultado do refinamento gradual do espírito e sua própria obra. Quis Deus que a alma, em virtude de seu livre-arbítrio, pudesse escolher entre o bem e o mal, chegando aos seus derradeiros fins por uma vida dedicada e pela resistência ao mal. Se tivesse criado a alma com uma perfeição à sua semelhança – e que, saindo de suas mãos, ele a tivesse ligado à sua beatitude eterna –, Deus a teria feito, não à sua imagem, mas semelhante a si próprio (...) (*A Gênese* – Cap. III – O Bem e o Mal – nº 8 [nota de rodapé])

Comentários: *E Deus criou o Homem à Sua imagem e semelhança; O homem é um ser à parte. Vós sois deuses, disse Jesus; Para os animais, o homem é um deus.*

Estes enunciados bíblicos e da doutrina espírita estimulam o orgulho humano, fazendo-nos crer que somos realmente seres criados especialmente para dominar outros seres inferiores, como se fôssemos co-autores do Universo, talvez. No entanto, não somos seres que não fomos criados perfeitos e nem somos realmente Deus. Somos Espíritos em evolução, que ainda não aprendemos, sequer, que os outros seres do Universo são tão importantes quanto nós.

Somos os mesmos princípios inteligentes que foram criados simples e ignorantes, que evoluímos ao longo de milênios até alcançar esta acanhada posição hierárquica na espiritualidade. Ao longo de nossa evolução, estagiamos no reino mineral, vegetal e finalmente animal, para depois, então, continuar na evolução moral, para merecer a classificação de representante do reino (espiritual) hominal.

Ao longo desta evolução, pelo uso de nosso livre-arbítrio, estamos conseguindo discernir o certo do errado ou o bem e o mal.

Inteligência Animal

21. A inteligência é atributo do princípio vital?
R: Não, pois que as plantas vivem e não pensam: só têm vida orgânica. A inteligência e a matéria são independentes, porquanto um corpo pode viver sem a inteligência. Mas a inteligência só por meio dos órgãos materiais pode manifestar-se. Necessário é que o Espírito se una à matéria animalizada para intelectualizá-la.

A inteligência é uma faculdade especial, peculiar a algumas classes de seres orgânicos e que lhes dá, com o pensamento, à vontade de atuar a consciência de que existem e de que constituem uma individualidade cada um, assim como os meios de estabelecerem relações com o mundo exterior e de proverem às suas necessidades. Podem distinguir-se assim: 1º – os seres inanimados, constituídos só de matéria, sem vitalidade nem inteligência: são os corpos brutos; 2º – os seres animados que não pensam, formados de matéria e dotados de vitalidade, porém, destituídos de inteligência; 3º – os seres animados pensantes, formados de matéria, dotados de vitalidade e tendo a mais, um princípio inteligente que lhes outorga a faculdade de pensar. (*O Livro dos Espíritos* – Cap. IV – nº 71)

Comentários: Os corpos são os instrumentos usados pelos Espíritos (nós somos exemplo disso) para se manifestarem no mundo físico. Desde que o Espírito intelectualiza o corpo para se manifestar o faz em diferentes graus de intelectualização, pois como Kardec classificou há três graus. Os animais se encontram – como ele mesmo disse: *"A inteligência é uma faculdade especial, peculiar a algumas classes de seres orgânicos"* – em uma categoria na qual há pensamentos e uso de seu livre-arbítrio. Se ele quisesse se referir a humanos o teria dito claramente.

22. Pode estabelecer-se uma linha de separação entre o instinto e a inteligência, isto é, precisar onde um acaba e começa a outra?
R: Não, porque muitas vezes se confundem. Mas muito bem se podem distinguir os atos que decorrem do instinto dos que são da inteligência. (*O Livro dos Espíritos* – Cap. IV – nº 74)

Comentários: Algumas pessoas dizem que os animais somente agem por instintos e por isso não são inteligentes. Porém, o Espírito de Verdade confirma o que já se sabe, até mesmo pela Ciência, que os animais não são somente instintos, e os seres humanos não são somente inteligência, pois ambas se confundem.

23. É acertado dizer-se que as faculdades instintivas diminuem à medida que crescem as intelectuais?
R: Não; o instinto existe sempre, mas o homem o despreza. O instinto também pode conduzir ao bem. Ele quase sempre nos guia e algumas vezes com mais segurança do que a razão. Nunca se transvia. (*O Livro dos Espíritos* – Cap. IV – nº 75)

Comentários: Os instintos são sentidos relacionados aos corpos e não ao Espírito. À medida que o Espírito aprende a controlar os instintos, receberá futuramente corpos que não o testem tão frequentemente a controlá-los, pois serão mais sutis, isto é, menos materiais e, portanto, menos instintivos. Então os instintos, não sendo atributo do Espírito, mas do corpo, não podem aumentar ou diminuir no Espírito. Ele apenas pode senti-lo, utilizá-lo e controlá-lo.

24. A inteligência é então uma propriedade comum, um ponto de contato entre a alma dos animais e a do homem?
R: É, porém os animais só possuem a inteligência da vida material. No homem, a inteligência proporciona a vida moral. (*O Livro dos Espíritos* – Cap. XI – nº 604a)

Comentários: A Ciência vem mostrando que os animais possuem inteligências maiores do que se supunha. Em alguns casos, os animais, como disse Allan Kardec, levam vantagem sobre algumas pessoas, neste particular, pois há aqueles que mostram inteligência maior do que de determinadas pessoas. Em *A Gênese*, encontramos uma explicação didática sobre alma, em que diz que os animais possuem uma classificação de alma colocada em duas categorias evolutivas, isto é, a alma dos animais é classificada como "alma animal" e "alma intelectual", pois, além de ser uma alma que simplesmente anima um corpo físico, ela também dá inteligência ao conjunto corporal a que anima.

A alma que evoluiu e atingiu a fase de humanidade já se elaborou e aprendeu a conhecer sua relação com o mundo espiritual e procura conhecer as características da Divindade em si própria. Por causa desta maior compreensão de si mesmo e de sua relação com Deus e com a espiritualidade, o Espírito humano é classificado em outras categorias superiores que englobam três níveis, pois a alma humana se classifica como animal, porque tem capacidade de animar o corpo humano; como alma intelectual, que dá inteligência ao corpo que anima e alma espiritual, que diz respeito ao conhecimento moral.

O espírito de animal superior busca o aprendizado para se aprofundar no aspecto moral, mas ainda não compreende como o homem. Desde que possa entender como se fosse um ser humano, então este espírito animal poderá encarnar-se em um corpo humano e passar a fazer parte da Humanidade.

25. Donde procede a aptidão que certos animais denotam para imitar a linguagem do homem e por que essa aptidão se revela mais nas aves do que no macaco, por exemplo, cuja conformação apresenta mais

analogia com a humana? Origina-se de uma particular conformação dos órgãos vocais, reforçada pelo instinto de imitação. O macaco imita os gestos; algumas aves imitam a voz. (*O Livro dos Espíritos* – Cap. IX – nº 596)

Comentários: Hoje já se sabe que os animais não agem somente por instintos e são dotados de inteligência relativamente elevada, se comparada com o que conhecemos anteriormente sobre este assunto. Hoje reconhece-se que os chimpanzés possuem DNA muito semelhante ao nosso e apresentam muita semelhança também no que se refere a comportamentos.

Cairbar Schutel cita um chimpanzé que possuía conta em banco e frequentava teatros e restaurantes. O gorila Koko, que aprendeu a usar a linguagem dos surdos-mudos, comunicava-se com naturalidade com as pessoas ao redor.

Alguns cientistas dizem que os golfinhos são mais inteligentes que os seres humanos. Outros afirmam que os papagaios possuem inteligência equivalente à de um cão. Recentemente, o corvo Bete provou que as aves possuem inteligência suficiente para construir ferramentas para facilitar seus trabalhos.

O livro *A vida inteligente dos animais,* de Vitus B. Droscher (Editora Melhoramentos), traz dezenas de exemplos de inteligência observados em animais.

Há inúmeros casos documentados de animais que demonstram, além de inteligência, sentimentos. Há pouco um cão da raça *beagle* recebeu um prêmio público por ter salvado seu dono ao acionar o serviço de emergência médica via telefone.

Então percebemos que o que se dizia sobre a inteligência dos animais, em um tempo em que as pessoas eram céticas e não tinham estudos a respeito destes aspectos dos animais, modificou-se por completo depois que a Ciência avançou, como consequência do avanço espiritual de nosso mundo, para provar que os animais não são objetos. Pelo contrário, são inteligentes e sensíveis. Eles não são somente instintivos ou pouco inteligentes.

26. Pois que os animais possuem uma inteligência que lhes faculta certa liberdade de ação, haverá neles algum princípio independente da matéria? "Há e que sobrevive ao corpo". (*O Livro dos Espíritos* – Cap. XI – nº 597)

Comentários: Allan Kardec concordava que os animais possuem inteligência que lhes faculta a liberdade de escolha, isto é, lhes faculta a utilização de seu livre-arbítrio. Esta inteligência, que era percebida pelo Codificador, possivelmente era consequente a algo que se poderia chamar de Espírito, ou alma dos animais. Para satisfazer a curiosidade, Kardec perguntou ao Espírito de Verdade sobre esta possibilidade. Kardec, em outras palavras, quis dizer: Sendo os animais tão inteligentes como são, há neles algo que se possa chamar de alma ou espírito?

A resposta do Espírito de Verdade foi direta e sem floreios: *Há e que sobrevive ao corpo,* isto é, sim, eles têm Espírito, e este princípio sobrevive à morte do corpo físico.

27. A inteligência se revela por atos voluntários, refletidos, premeditados, combinados conforme a oportunidade das circunstâncias. É incontestavelmente um atributo exclusivo da alma. Todos os atos mecânicos são instintivos. O ato que denota reflexão e combinação é inteligente. (*A Gênese* – Cap. III – nº 12)

Comentários: Foi dito que todo ser orgânico possui alma. Desde o mais primitivo ao ser humano, todos são espíritos encarnados em diversos estágios de evolução e de inteligência (a Ciência mostra que até as bactérias e outros micro-organismos possuem inteligências rudimentares). Os atos que exigem elaboração são consequentes à inteligência, originada da alma, comum a estes seres.

28. Há, pois, neles, uma espécie de inteligência, mas cujo exercício quase que se circunscreve à utilização dos meios de satisfazerem às suas necessidades físicas e de proverem à conservação própria. Nada, porém, criam, nem melhora alguma realizam.

Qualquer que seja a arte com que executem seus trabalhos fazem hoje o que faziam outrora e o fazem, nem melhor, nem pior, segundo formas e proporções constantes e invariáveis.

A cria, separada dos de sua espécie, não deixa por isso de construir o seu ninho de perfeita conformidade com os seus maiores, sem que tenha recebido nenhum ensino. O desenvolvimento intelectual de alguns, que se mostram suscetíveis de certa educação, desenvolvimento,

aliás, que não pode ultrapassar acanhados limites, é devido à ação do homem sobre uma natureza maleável, porquanto não há aí progresso que lhe seja próprio.

Mesmo o progresso que realizam pela ação do homem é efêmero e puramente individual, visto que, entregue a si mesmo, não tarda que o animal volte a encerrar-se nos limites que lhe traçou a Natureza... (*O Livro dos Espíritos* – Cap. XI – "Os animais e o homem" – nº 593)

Comentários: Quando *O Livro dos Espíritos* foi escrito, as pessoas eram, em sua maioria, céticas, que tinham dificuldade em crer nas coisas do Espírito. Também naquela época, o conceito a respeito dos animais era o de Descartes, que dizia que os animais não eram mais que objetos, que deveriam ser usados como tal.

Para uma doutrina que pretendia firmar-se na razão, dizer que os animais são seres inteligentes e sensíveis, as pessoas não acreditariam. Era preciso esperar e concordar com o que conhecia a Ciência da época, que lhes atribuía pouca ou nenhuma inteligência.

No entanto, a própria doutrina diz, nas palavras de Allan Kardec, para ficarmos com a Ciência, quando a doutrina se encontrar em contradição em algum ponto. Atualmente, a Ciência mostra que os animais são inteligentes e sensíveis e não somente isso, pois possuem capacidade criadora e cultural. A revista *Scientific American* trouxe a manchete na qual os macacos-prego conseguiam ensinar aos seus descendentes aquilo que aprenderam com seus antepassados culturalmente. Algumas aves apenas aprendem a cantar se forem ensinadas por outras aves.

A fêmea gorila Koko, por sua capacidade de se comunicar com as mãos, demonstrou que gostaria de se tornar mãe e manifestou seu desejo de algum dia voltar para a sua vida livre na floresta.

29. Tem os animais alguma linguagem? Se vos referis a uma linguagem formada de sílabas e palavras, não. Meio, porém, de se comunicarem entre si, têm. Dizem uns aos outros muito mais coisas do que imaginais. Mas, essa mesma linguagem de que dispõem é restrita às necessidades, como restritas também são as ideias que podem ter. (*O Livro dos Espíritos* – Cap. XI – "Os animais e o homem" – nº 594)

Comentários: Novamente lembramos o que Kardec disse a respeito de acatarmos a Ciência quando o Espiritismo estiver em contradição com ela. A Ciência vem nos mostrando a cada dia que os animais possuem inteligência acima do que supúnhamos a eles até há pouco tempo. No que se refere à comunicação, destacamos o cão da raça *border collie* chamado Rico, que entende duzentas palavras e as relaciona ao seu significado; a gorila fêmea Koko, que se comunica por linguagem dos surdos-mudos; a cadela Sofia, que se comunica com humanos por meio de um painel sonoro; a chimpanzé Aná Kanzi que também se comunica por meio de um painel, semelhante ao de Sofia, mas que é mais sofisticado e os estudos de um cientista americano que desenvolveu um sistema de comunicação com golfinhos, em que o computador consegue "traduzir" as palavras destes mamíferos aquáticos para o inglês.

De acordo com estes estudos, que envolvem os animais, percebemos que eles ao se comunicarem, mostram algo mais do que simples demonstrações de seus desejos instintivos de sobrevivência.

30. Há, entretanto, animais que carecem de voz. Esses parecem que nenhuma linguagem usam, não? Compreendem-se por outros meios. Para vos comunicardes reciprocamente, vós outros, homens, só dispondes da palavra? E os mudos? Facultada lhes sendo a vida. (*O Livro dos Espíritos* – Cap. XI – "Os animais e o homem" – nº 594a)

Comentários: O Espírito de Verdade diz que os animais se comunicam por meios que naquela época os seres humanos não poderiam compreender: A telepatia.

A telepatia é um meio de comunicação comum entre os animais de acordo com estudos de Gabriel Dellanne e recentemente por Rupert Sheldrake (Ph.D. da Universidade de Harvard e Cambridge). Segundo Sheldrake, os animais conseguem *"ler os pensamentos das pessoas"*.

31. Se, pelo que toca à inteligência, comparamos o homem e os animais, parece difícil estabelecer-se uma linha de demarcação entre aquele e estes, porquanto alguns animais mostram, sob esse aspecto, notória superioridade sobre certos homens.

Pode essa linha de demarcação ser estabelecida de modo preciso? A este respeito é completo o desacordo

entre os vossos filósofos. Querem uns que o homem seja um animal e outros que o animal seja um homem. Estão todos em erro. O homem é um ser à parte, que desce muito baixo algumas vezes e que pode também elevar-se muito alto. Pelo físico, é como os animais e menos bem dotado do que muitos destes.

A Natureza lhes deu tudo o que o homem é obrigado a inventar com a sua inteligência, para satisfação de suas necessidades e para sua conservação. Seu corpo se destrói, como o dos animais, é certo, mas ao seu Espírito está assinando um destino que só ele pode compreender, porque só ele é inteiramente livre. Pobres homens, que vos rebaixais mais do que os brutos! Não sabeis distinguir-vos deles? Reconhecei o homem pela faculdade de pensar em Deus. (*O Livro dos Espíritos* – Cap. XI – "Os animais e o homem" – nº 592)

Comentários: Realmente, o limite entre a inteligência dos animais, de categorias inferiores ao homem, que também é animal, é difícil de estabelecer, pois quem se lembrar dos cavalos de Elberfeld perceberá que a inteligência deles é superior à de muitas pessoas que têm dificuldades com números e cálculos matemáticos. Quem se lembrar da gorila fêmea Koko, que é capaz de se comunicar pela linguagem das mãos, usadas entre os surdos-mudos, perceberá que ela tem facilidade em se comunicar deste modo, enquanto muitas pessoas não conseguem usar este tipo de linguagem.

Na resposta dada pelo Espírito de Verdade, ele diz que os humanos são seres, mas não podemos entender nisso que somos especiais, gratuitamente. Nós nos tornamos diferenciados, por meio de milhares de reencarnações em reinos inferiores e também no reino animal, no qual adquirimos experiência suficiente para nos destacarmos dos demais animais e nos tornarmos seres à parte. Isso somente porque adquirimos o conhecimento e desenvolvimento moral que nos habilita a nos colocarmos acima dos demais. Mas é sempre importante nos lembrarmos de que não fomos criados como seres à parte, mas nos tornamos.

Por termos uma compreensão mais completa da vida moral, nós nos destacamos, mas com esta visão vem a responsabilidade sobre os demais seres que se encontram abaixo de nós, pois nos tornamos seus orientadores, professores ou modelos a serem seguidos.

32. A inteligência se revela por atos voluntários, refletidos, premeditados, combinados conforme a oportunidade das circunstâncias. É incontestavelmente um atributo exclusivo da alma. Todos os atos mecânicos são instintivos. O ato que denota reflexão e combinação é inteligente. Um é livre, o outro não. (*A Gênese* – Cap. III – "O instinto e a inteligência" – nº 12)

Comentários: Dizem que animais não agem senão por instintos, mas não nos cansamos de ver e ouvir falar de animais que agem inteligentemente.

Sabemos que todos os animais são espíritos em evolução encarnados em corpos de animais, e, como a inteligência é incontestavelmente um atributo exclusivo da alma, concluímos que os animais não agem somente por instintos, maquinalmente. Quem não se lembra dos cavalos de Elberfeld, que resolviam problemas complexos de raízes quadradas?

33. Nos seres inferiores da Criação, aqueles cujo senso moral ainda não existe, no qual a inteligência não substituiu o instinto, a luta só pode ter como objetivo a satisfação de necessidades materiais. Uma das necessidades mais imperiosas é a da alimentação. Eles, então, lutam apenas para sobreviver, ou seja, por conquistar ou defender uma presa, mas não poderiam ser estimulados por um motivo mais elevado. É nesse primeiro período que a alma se elabora e ensaia para a vida.

(...) Há um período de transição, no qual o homem muito pouco se distancia dos irracionais.

Nos primeiros tempos, o instinto animal domina e o motivo da luta continua sendo a satisfação das necessidades materiais. Mais adiante, o instinto animal e o sentimento moral se contrabalançam/equilibram.

Então, o homem luta não mais para se nutrir, mas para satisfazer a ambição, o orgulho, a necessidade de domínio. Mas, para isso, necessita destruir.

Todavia, à medida que o senso moral ganha preponderância, a sensibilidade se desenvolve e a necessidade da destruição diminui até desaparecer, por tornar-se detestável: é quando o homem tem horror ao sangue.

Contudo, a luta é sempre necessária para o desenvolvimento do Espírito, porque, mesmo chegando a esse ponto, que nos parece culminante, está longe de ser perfeito. Somente à custa de sua atividade, ele conquista conhecimento, experiência e se despoja dos últimos vestígios da animalidade. No entanto, nessas circunstâncias, a luta, que já foi sanguinária e brutal, torna-se puramente intelectual. O homem luta contra as dificuldades e não mais contra seus semelhantes (*A Gênese* – Cap. III – "Destruição dos seres vivos uns pelos outros" – nº 24)

Comentários: Assim como acontece conosco, os animais não estão isentos de agirem instintivamente. Isso não os exclui do círculo dos seres inteligentes, assim como não nos excluímos quando agimos, também, por instintos.

Os atos instintivos são importantes, pois representam uma forma de aprendizado ao espírito encarnado, que aprende a elaborar-se para atingir outros patamares evolutivos em que alcançará a fase de humanidade. A fase anterior à humanidade, ou animalidade, é uma escola para o espírito, que estagiará futuramente como homem. No entanto, mesmo se tornando homem, o ser espiritual, ainda está em fase de aprendizado e ainda traz consigo muito do que já foi nas fases anteriores.

O desejo de matar para alimentar o corpo físico que lhe serve de abrigo é um exemplo. Mas à medida que a evolução, que não para nunca, avança, a influência do corpo sobre o espírito diminui e o desejo de destruir e matar para satisfazermos as nossas necessidades físicas enfraquecerão a um ponto em que a simples visão de corpos sem vida nos repugnará. Pois só à custa de muita atividade adquire conhecimento, experiência e se despoja dos últimos vestígios da animalidade.

34. (...) a menos que se admita que Deus criasse almas de diversas qualidades, conforme os tempos e os lugares, proposição inconciliável com a ideia de uma soberana justiça. (*A Gênese* – Cap. XI – "Reencarnações" – nº 33)

Comentários: Se admitirmos que Deus cria seres que serão perpetuamente inferiores, ou admitir que Deus nos tenha criado como seres que merecem sua maior atenção, não estaria de acordo com a Sua Infinita Bondade. Se nós que somos falhos não admitiríamos tal injustiça, que dirá de Deus que é soberanamente bom e justo.

Ele não nos criaria como somos hoje sem que tivéssemos aprendido a ser humanos antes. Se fôssemos criados como somos hoje de um momento para outro, não haveria evolução para nós e estaríamos em desacordo com todo o resto do Universo, que evolui.

Crer que pudéssemos ser lançados ao mundo sem ter existido antes, ou crer que Deus nos criou nesta condição atual por Sua vontade é o mesmo que crer que Deus tenha criado os anjos e os demônios caricatos da Bíblia, que foram criados nesta condição de um momento para outro, isto é, uns foram criados extremamente puros e bondosos enquanto outros foram criados extremamente maus e odiosos. Isso seria ingenuidade.

A Alma Animal

35. Espírito é sinônimo de inteligência?

A inteligência é um atributo essencial do Espírito. Uma e outro, porém, se confundem num princípio comum, de sorte que, para vós, são a mesma coisa. (*O Livro dos Espíritos* – Cap. II – nº 24)

Comentários: Não duvidamos que os animais sejam Espíritos encarnados em corpos físicos. Sendo assim, isto é, sendo Espíritos e sendo encarnados, são também inteligentes. Isso confirma o que a Ciência vem divulgando sobre a inteligência entre os animais. Dizem que mesmo o mais elementar representante animal possui inteligência.

36. O Espírito independe da matéria, ou é apenas uma propriedade desta, como as cores o são da luz e o som o é do ar?

R: São distintos uma do outro; mas, a união do Espírito e da matéria é necessária para intelectualizar a matéria. (*O Livro dos Espíritos* – Cap. II – nº 25)

Comentários: Quando olhamos para um animal, estamos vendo apenas o corpo que foi intelectualizado pelo espírito e não o próprio espírito. Por isso dissemos no início que, ao nos referirmos a animais, estamos falando do Espírito, da alma animal e não do corpo.

Houve uma pessoa que nos disse que o que se refere a espírito, neste capítulo, diz respeito a apenas ao espírito humano.

No entanto, não há nenhuma distinção nas explicações quanto a ser algo restrito ao ser humano, principalmente porque os animais também são espíritos encarnados ou almas. Portanto o que vale para humanos vale também para animais.

37. Essa união é igualmente necessária para a manifestação do Espírito?
(Entendemos aqui por espírito o princípio da inteligência, abstração feita das individualidades que por esse nome se designam).

R: É necessária a vós outros, porque não tendes organização apta a perceber o Espírito sem a matéria. A isto não são apropriados os vossos sentidos. (*O Livro dos Espíritos* – Cap. II – nº 25a)

Comentários: Aqui se confirma a observação anterior sobre o fato de os conceitos sobre espíritos são para todos os seres, humanos ou não. Sendo os animais espíritos encarnados, estão obrigatoriamente unidos a corpos individuais porque são indivíduos desde que foram, ou fomos criados como princípios inteligentes no átomo.

38. Encarnado no corpo do homem, o Espírito lhe traz o princípio intelectual e moral, que o torna superior aos animais. (*O Livro dos Espíritos* – Cap. XI – nº 605a)

Comentários: O espírito humano encarnado em um corpo físico o controla melhor do que faz o espírito animal, pois, além de ser um ser intelectualizado, é também moralizado. Isto o diferencia da alma animal, que não tem noções maiores de moral.

39. As duas naturezas nele existentes dão às suas paixões duas origens diferentes: umas provêm dos instintos da Natureza animal, provindo as outras das impurezas do Espírito, de cuja encarnação é ele a imagem e que mais ou menos simpatiza com a grosseria dos apetites animais. (*O Livro dos Espíritos* – Cap. XI – nº 605a)

Comentários: A finalidade de nossas reencarnações é a de nos depurarmos. De nos depurarmos de nossas paixões primitivas originadas no corpo físico atual e também aqueles que são originados no próprio espírito ainda primitivo, que se simpatiza com as vontades do corpo. Então uma das paixões é induzida imediatamente pelo corpo e outra é originada das sensações instintivas que o espírito se aceita e até gosta de se submeter, como ainda um estágio grosseiro.

40. Purificando-se, o Espírito se liberta pouco a pouco da influência da matéria. Sob essa influência, aproxima-se do bruto. Isento dela, eleva-se à sua verdadeira destinação. (*O Livro dos Espíritos* – Cap. XI – nº 605a)

Comentários: Tendo o espírito se assenhoreado de sua própria vontade, pela longa elaboração das muitas reencarnações, ele não se influencia com as vontades primitivas físicas e se aproxima de seu objetivo espiritual evolutivo.

41. Donde os animais tiram o princípio inteligente que constitui a alma de natureza especial de que são dotados?
R: Do elemento inteligente universal. (*O Livro dos Espíritos* – Cap. XI – nº 606)

Comentários: O Elemento Inteligente Universal, como o próprio nome já diz, é único e, portanto, o princípio inteligente, seja de um mineral, vegetal ou animal, não poderia ser originado de outra fonte.

42. Então, emana de um único princípio a inteligência do homem e a dos animais?
R: Sem dúvida alguma, porém, no homem, passou por uma elaboração que a coloca acima da que existe no animal. (*O Livro dos Espíritos* – Cap. XI – nº 606a)

Comentários: Evidentemente as almas dos animais e dos seres humanos têm a mesma origem. Por isso se diz que os animais são nossos irmãos.

No entanto, como já foi dito, a alma dos humanos é mais antiga e, portanto, mais experiente. Nisso reside a diferença entre a nossa e a alma dos animais. Termos almas distintas não decorre que tenhamos almas de diferentes origens ou que sejamos espíritos criados à parte. Isso não é real.

43. Dissestes (*O Livro dos Espíritos* – Cap. IV – nº 190) **que o estado da alma do homem, na sua origem, corresponde ao estado da infância na vida corporal, que sua inteligência apenas desabrocha e se ensaia para a vida.**

Onde passa o Espírito essa primeira fase do seu desenvolvimento? Numa série de existências que precedem o período a que chamais humanidade. (*O Livro dos Espíritos* – Cap. XI – nº 607)

Comentários: Este enunciado é muito importante para mostrar que definitivamente não somos criações à parte da Natureza e que somos os mesmos espíritos que animaram corpos de animais em existências anteriores quando estagiávamos naquela fase.

Estagiamos em fases muito primitivas desde que fomos colocados no mundo físico como princípios inteligentes revestidos de matéria da menor partícula imaginável (átomo), para depois estagiarmos em fases posteriores (fases anteriores à animalidade e na própria), aprender com estas e adquirir experiência de vida para angariar condições de entrar em uma fase mais adiantada ou Humanidade.

44. Parece que, assim, se pode considerar a alma como tendo sido o princípio inteligente dos seres inferiores da criação, não? Já não dissemos que tudo na Natureza se encadeia e tende para a unidade? Nesses seres, cuja totalidade estais longe de conhecer, é que o princípio inteligente se elabora, se individualiza pouco a pouco e se ensaia para a vida, conforme acabamos de dizer. É, de certo modo, um trabalho preparatório, como o da germinação, por efeito do qual o princípio inteligente sofre uma transformação e se torna Espírito. (*O Livro dos Espíritos* – Cap. XI – nº 607a)

Comentários: Aqui encontramos três assuntos importantes. O primeiro diz respeito ao fato de a alma do ser humano ser uma evolução da alma de seres inferiores da criação, isto é, nós já estagiamos nas fases anteriores da criação como espíritos mais primitivos.

O segundo diz respeito individualização do espírito. Este tópico provoca confusão para muitas pessoas que não entendem que os espíritos dos animais são já indivíduos desde o momento em que foram criados, ou que fomos criados, no átomo. A individualidade sempre existiu desde o princípio, mas a distinção entre eles em relação aos comportamentos somente acontece no desabrochar de certo teor de consciência destes espíritos primitivos.

O terceiro item importante refere-se ao conceito de espírito, que alguns acreditam que seja somente para designar a alma humana, o que não é uma realidade.

Vamos discutir o primeiro tópico.

Dissemos por mais de uma oportunidade que o nosso espírito atingiu este estágio atual de humanidade depois de passar pelas "fieiras da animalidade".

O espírito foi criado simples e ignorante e evolui do átomo ao arcanjo, passando por todas as fases evolutivas pelos mais diversos reinos da Natureza, nos quais adquire experiência para progredir cada vez mais e atingir a fase de humanidade.

Esta fase de humanidade não é o último estágio de nossa evolução, mas simplesmente uma etapa intermediária que prosseguirá ao infinito, isto é, a Deus, ou à Unidade.

Quando o Espírito de Verdade diz que os animais são seres que ainda estamos longe de conhecer na totalidade, significa que ainda não conhecemos o verdadeiro papel deles na nossa evolução, mesmo tendo passados mais de 155 anos. Mas estamos a caminho de conhecê-los.

O segundo tópico, que fala de individualização, não diz respeito à alma de um animal como a tal alma-grupo, da teosofia, pois, como afirmamos, a alma dos animais já é individualizada desde que foi criado como princípio inteligente.

A alma de um animal não se tornará um indivíduo a partir de certo estágio durante tal fase, mas ocorre uma maior distinção entre os indivíduos, na qual alguns passam a agir não mais de forma repetitiva e instintiva. Quando alguns indivíduos animais agem de modos distintos uns dos outros por vontade própria eles se distinguem. Seria como se em um grupo de crianças pequenas, que nem sabem andar, uma delas começasse a caminhar entre as outras. Esta que aprendeu a andar se destaca das demais, mas ela já era um indivíduo. O que aconteceu foi que ela se destacou das demais por causa de um comportamento mais elaborado que o das outras crianças.

O terceiro tópico ou a definição de Espírito. Neste item algumas pessoas se confundem, crendo que somente os seres humanos possuem espírito e que o que os animais possuem não é, ainda, espírito, mas logo como um "pré-espírito".

Alguns dizem que os animais não têm alma, mas somente o princípio inteligente (lembre-se de que princípio inteligente é sinônimo de espírito). Outros dizem que somente porque os seres humanos possuem alma individualizada, os animais possuem uma alma-coletiva ou alma-grupo (lembre-se de que alma-grupo não é um conceito aceito pelo Espiritismo).

Na verdade, os animais são dotados, como dissemos várias vezes, de almas, pois elas são os espíritos que se tornarão espíritos de seres humanos futuramente (como se lê no início deste enunciado). Com certeza já estivemos nas fases animais, como pode ser lido no próximo enunciado: *Acreditar que Deus haja feito, seja o que for, sem um fim, e criado seres inteligentes sem futuro, fora blasfemar da Sua bondade, que se estende por sobre todas as Suas criaturas.* (*O Livro dos Espíritos* – Cap. XI – nº 607a)

45. Entra então no período da humanização, começando a ter consciência do seu futuro, capacidade de distinguir o bem do mal e a responsabilidade dos seus atos.

Assim, à fase da infância se segue a da adolescência, vindo depois a da juventude e da madureza. Nessa

origem, coisa alguma há de humilhante para o homem. Sentir-se-ão humilhados os grandes gênios por terem sido fetos informes nas entranhas que os geraram?

Se alguma coisa há que lhe seja humilhante, é a sua inferioridade perante Deus e Sua impotência para lhe sondar a profundeza dos desígnios e para apreciar a sabedoria das leis que regem a harmonia do Universo.

Reconhecei a grandeza de Deus nessa admirável harmonia, mediante a qual tudo é solidário na Natureza. Acreditar que Deus haja feito, seja o que for, sem um fim, e criado seres inteligentes sem futuro, fora blasfemar da Sua bondade, que se estende por sobre todas as Suas criaturas. (*O Livro dos Espíritos* – Cap. XI – nº 607a)

Comentários: Quando o espírito entra na fase de humanização, ele continua a amadurecer e a evoluir para atingir a angelitude, já que evoluímos do átomo ao arcanjo.

Algumas pessoas orgulhosas não aceitam o fato de termos vivido como espíritos encarnados naquelas outras fases primitivas de evolução pré-humanitária, mas, em vez de se sentirem humilhadas por terem já feito parte da animalidade, deveriam festejar por ter saído dela com bom aproveitamento, pois passaram para a fase posterior.

46. Esse período de humanização principia na Terra?
R: A Terra não é o ponto de partida da primeira encarnação humana. O período da humanização começa, geralmente, em mundos ainda inferiores a ela.

Isto, entretanto, não constitui regra absoluta, pois pode suceder que um espírito, desde o seu início humano, esteja apto a viver na Terra. Não é frequente o caso; constitui antes uma exceção. (*O Livro dos Espíritos* – Cap. XI – nº 607b)

Comentários: Disse Jesus: *Há muitas moradas na casa de meu Pai*. Nisso Ele quis dizer que há muitos mundos onde o Espírito tem oportunidade de estagiar e aprender e não somente no mundo que conhecemos. O espírito que é criado simples e ignorante faz os diversos estágios em variados mundos. A Terra é apenas um destes mundos, que existem no Universo Infinito.

47. O Espírito do homem tem, após a morte, consciência de suas existências ao período de humanidade?

R: Não, pois não é desse período que começa a sua vida de Espírito. Difícil é mesmo que se lembre de suas primeiras existências humanas, como difícil é que o homem se lembre dos primeiros tempos de sua infância e ainda menos do tempo que passou no seio materno. Essa a razão por que os Espíritos dizem que não sabem como começaram. (*O Livro dos Espíritos* – Cap. XI – nº 608)

Comentários: O esquecimento do que já fomos ou do que já fizemos em reencarnações anteriores é uma regra para o Espírito, que deve ter suas atenções voltadas para a atualidade na qual o aprendizado acontece.

De que valeria saber sobre as vidas anteriores e nos lembrarmos de nossas vidas primitivas em meio aos selvagens? Nenhuma para o aprendizado atual nesta vida presente.

Mas isso não significa que tudo que aprendemos anteriormente tenha se perdido, pois o aprendizado anterior, seja na fase animal primitivo, seja na fase animal adiantado, como seres humanos, o aprendizado anterior permanece e se manifesta na forma de consciência.

48. Uma vez no período da humanidade, conserva o Espírito traços do que era precedentemente, quer dizer: do estado em que se achava no período a que se poderia chamar ante-humano?
R: Conforme a distância que medeie entre os dois períodos e o progresso realizado. Durante algumas gerações, pode ele conservar vestígios mais ou menos pronunciados do estado primitivo, porquanto nada se opera na Natureza por brusca transição.

Há sempre anéis que ligam as extremidades da cadeia dos seres e dos acontecimentos. Aqueles vestígios, porém, se apagam com o desenvolvimento do livre-arbítrio. Os primeiros progressos só muito lentamente se efetuam, porque ainda não têm a secundá-los à vontade. Vão em progressão mais rápida, à medida que o Espírito adquire perfeita consciência de si mesmo. (*O Livro dos Espíritos* – Cap. XI – nº 609)

Comentários: Enquanto não nos depurarmos por completo levaremos conosco os traços de animalidade que permeia as nossas vidas encarnadas. Enquanto não nos tornarmos mais seres livres da influência física de nossos corpos, agiremos, mesmo que esporadicamente, como animais, pois ainda somos animais. À medida que a consciência toma lugar dos instintos e os dominamos por meio do uso mais elaborado do livre-arbítrio, aqueles traços primitivos desaparecerão para sempre.

49. Considerando-se todos os pontos de contato que existem entre o homem e os animais, não seria lícito pensar que o homem possui duas almas: a alma animal e a alma espírita e que, se esta última não existisse, só como o bruto poderia ele viver? Por outra: que o animal é um ser semelhante ao homem, tendo de menos a alma espírita? Por essa maneira de ver resultaria serem os bons e os maus instintos do homem efeitos da predominância de uma ou outra dessas almas?
R: Não, o homem não tem duas almas. O corpo, porém, tem seus instintos, resultantes da sensação peculiar aos órgãos. Dupla, no homem, só é a Natureza. Há nele a natureza animal e a natureza espiritual. Participa, pelo seu corpo, da natureza dos animais e de seus instintos. Por sua alma, participa da dos Espíritos. (*O Livro dos Espíritos* – Cap. XI – nº 605)

Comentários: O Espírito para se manifestar no mundo físico necessariamente precisa de um corpo físico, que permita agir neste meio em que não poderia se relacionar sem este instrumento de sua evolução, que é o corpo físico. No entanto, este corpo, como diz o Espírito de Verdade, além de ser um instrumento de manifestação do nosso espírito, **é um ser,** que tenta influenciar o nosso Espírito a satisfazer as suas necessidades físicas instintivas. Na verdade, a nossa luta diária contra o "bem e o mal" pode ser resumida como a nossa luta contra as tendências do corpo, que é um ser instintivo e as tendências de nosso Espírito, que é um ser moral.

Portanto não temos uma alma animal e uma alma espiritual, mas temos um corpo que tenta se sobrepor à nossa vontade moral e à nossa alma que luta contra as tendências do corpo físico.

50. De modo que, além de suas próprias imperfeições de que cumpre ao Espírito despojar-se, tem ainda o homem que lutar contra a influência da matéria?
R: Quanto mais inferior é o Espírito, tanto mais apertados são os laços que o ligam à matéria. Não o vedes? O homem não tem duas almas; a alma é sempre única em cada ser. (*O Livro dos Espíritos* – Cap. XI – nº 605a)

Comentários: Temos que a alma ou Espírito é indivisível e que é única. Não existem duas almas ou dois espíritos idênticos. Cada um é uma individualidade e tenta se superar para evoluir ao longo de seu próprio trabalho de evolução, sempre tentando expor o seu potencial divino. Além do esforço próprio para se depurar, o Espírito também procura limitar a ação do corpo sobre sua própria vontade moral.

À medida que o Espírito consegue controlar o corpo e se eleva moralmente, isto é, a medida em que a sua vontade moral se sobrepõe à vontade instintiva do corpo, ele se torna apto a receber um corpo melhor e mais adequado a expor o potencial que possui, nesta condição, passando a fazer parte do ciclo de humanidade.

Assim, ao entrar na fase humana, a luta continua, pois ainda habitamos um corpo animal (somos mamíferos primatas) e continuaremos por bastante tempo, ainda, para superar os instintos e afrouxar os laços entre o corpo e o Espírito a fim de nos tornar cada vez mais elevados moral e espiritualmente.

51. São distintas uma da outra a alma do animal e a do homem, a tal ponto que a de um não pode animar o corpo criado para o outro. Mas, conquanto não tenha alma animal, que, por suas paixões, o nivele aos animais, o homem tem o corpo que, às vezes, o rebaixa até o nível deles, por isso que o corpo é um ser dotado de vitalidade e de instintos, porém ininteligentes estes e restritos ao cuidado que a sua conservação requer. (*O Livro dos Espíritos* – Cap. XI – nº 605a)

Comentários: A alma animal é ainda primitiva e tenta aprender como se separar das influências instintivas do corpo físico. O ser humano, isto é, a alma humana, já sabe por que meios ele pode evitar as influências instintivas da matéria e, quando não o faz, não faz por ignorância, mas por vontade de ceder a eles, os instintos. Daí vem a expiação por seus erros, pois, quando consentimos que o corpo expõe mais livremente os instintos, nos igualamos aos animais. Os animais, por outro lado, ainda não têm toda noção de como controlar a vontade do corpo sobre o Espírito, não expiam erros.

Assim a alma dos animais se distingue da dos humanos neste sentido, isto é, um tem mais experiência de vida e maior controle de seu corpo, e outro ainda é inexperiente e precisa aprender a controlar os instintos. No entanto, as duas almas são de mesma origem, diferenciando-se apenas no tempo de aprendizado.

52. Após a morte, conserva a alma dos animais a sua individualidade e a consciência de si mesma? Conserva sua individualidade; quanto à consciência do seu eu, não. A vida inteligente lhe permanece em estado latente. (*O Livro dos Espíritos* – Cap. XI – nº 598)

Comentários: Muitas pessoas trazem consigo aquele conceito, que não é Espírita, sobre alma-grupo, que tira dos animais a possibilidade de serem seres espirituais individualizados. Segundo este conceito, vindo da Teosofia, os espíritos dos animais não são indivíduos, mas a manifestação de uma alma maior e depois que um animal morre, seu espírito, que não é seu em particular, volta a se unir ao Grande-Todo e perde a individualidade, apenas aparente de quando era encarnado ou vivo. No entanto, o Espírito de Verdade explica que o espírito do animal, uma vez liberto da matéria, isto é, do corpo físico, volta ao mundo espiritual, sem perder a individualidade que possuía quando estava encarnado. O espírito do animal mantém sua individualidade, mas, generalizando, o Espírito de Verdade afirma que eles perdem a consciência e permanecem em estado de suspensão ou latência, enquanto aguardam a volta para o mundo físico.

53. À alma dos animais é dado escolher a espécie de animal em que encarne?
R: Não, pois que lhe falta livre-arbítrio. (*O Livro dos Espíritos* – Cap. XI – nº 599)

Comentários: Por causa deste enunciado algumas pessoas entenderam mal e passaram a acreditar que os animais, isto é, os espíritos de animais não têm livre-arbítrio de modo algum. É um equívoco, pois está claro, no enunciado, que o Espírito de Verdade se refere a apenas um aspecto da espiritualidade dos animais e não à sua vida geral. Uma vez estando no mundo espiritual (repare que este enunciado confirma que os animais vão ao mundo espiritual, isto é, permanecem na erraticidade), os animais seguem sua evolução por uma determinação da espiritualidade superior para continuar a reencarnar, mas isso não tira deles toda a sua liberdade de agir e de pensar. Em outras edições de *O Livro dos Espíritos* encontramos: "*Não, pois que lhe falta O livre-arbítrio*". Pode parecer um erro de tradução sem maiores consequências, mas um simples erro como este pode condenar os animais ao esquecimento por mais tempo, pois nós nos ligamos muito à forma mais do que com o conteúdo das informações.

54. Sobrevivendo ao corpo em que habitou, a alma do animal vem a achar-se, depois da morte, num estado de erraticidade, como a do homem? Fica numa espécie de erraticidade, pois que não mais se acha unida ao corpo, mas não é um espírito errante. O espírito errante é um ser que pensa e obra por sua livre vontade. De idêntica faculdade não dispõe o dos animais. A consciência de si mesmo é o que constitui o principal atributo do espírito. O do animal, depois da morte, é classificado pelos Espíritos a quem incumbe essa tarefa e utilizado quase imediatamente. Não lhe é dado tempo de entrar em relação com outras criaturas. (*O Livro dos Espíritos* – Cap. XI – nº 600)

Comentários: Allan Kardec quis saber se os espíritos dos animais, depois que desencarnam, permanecerão na espiritualidade, como ocorre com os espíritos humanos. Como resposta, o Espírito de Verdade informa que sim, que os animais permanecem na erraticidade, ou seja, no mundo espiritual, mas eles não têm liberdade de vagarem pelo mundo espiritual. Por isso que ele diz que não permanecem na erraticidade como seres errantes. Não ser errante (como sinônimo de nômade) não significa que não fiquem na erraticidade, pois o simples fato de não estarem mais ligados a um corpo físico já os torna espíritos livres ou espíritos desencarnados, portanto obrigatoriamente pertencentes ao mundo espiritual.

Os espíritos de animais são espíritos jovens e por isso dependentes do tutorado de seres superiores a eles, como nós, por exemplo, que decidem por eles.

Os animais que estão em estágio evolutivo atrasado em relação a nós precisam evoluir rapidamente e não têm tempo a perder com relações improdutivas na dimensão espiritual. O interessante para eles é a reencarnação, que lhes fornecerá os aprendizados mais importantes que necessitam.

Os tutores humanos, incumbidos de orientar a evolução destes seres espirituais, os classificam por categorias de acordo com o nível de evolução. São enviados para reencarnação quando receberão novos corpos para a continuidade de seus aprendizados.

55. Será esse princípio uma alma semelhante à do homem? É também uma alma, se quiserdes, dependendo isto do sentido que se der a esta palavra. É, porém, inferior à do homem. Há entre a alma dos animais e a do homem distância equivalente à que medeia entre a alma do homem e Deus. (*O Livro dos Espíritos* – Cap. XI – nº 597a)

Comentários: Uma vez confirmada a informação de que os animais possuem alma, Kardec insistiu no assunto querendo saber se há neste princípio espiritual, ou alma, alguma semelhança com a dos seres humanos. O Espírito de Verdade responde afirmativamente ao dizer que eles possuem uma alma, se quisermos dar este nome, mas que ela não é idêntica ao do ser humano, pois este possui uma alma mais elaborada, ou mais experiente.

Os princípios espirituais são criados e colocados no mundo físico continuamente, pois Deus não cessa nunca de criar. Os espíritos que ocupam corpos humanos, hoje, foram criados antes daqueles que, hoje, são os espíritos que ocupam corpos animais.

Por isso que os espíritos de humanos são diferentes, por simples questão de tempo e experiência.

No entanto, a comparação feita sobre o Homem ser como Deus é meramente figurativa, pois a distância entre nós e Deus é infinita e a distância entre nós e os animais é finita (lembre-se de que somos animais ainda, que se diferenciam dos demais por ter conhecimento mais aprofundado das coisas morais).

Em outro tópico, o Espírito de Verdade explica que, quando se refere ao homem ser deus, é no sentido de sermos superiores aos animais como os espíritos superiores são para nós.

56. Os homens se mostram sempre propensos a tudo exagerar, uns não falo aqui dos materialistas, negam alma aos animais, outros de boa mente lhes atribuem uma, igual, por assim dizer, à nossa. (*O Livro dos Médiuns* – Cap. XXII – Da mediunidade nos animais – nº 236)

Comentários: Os materialistas sequer admitem a existência de alma tanto para os humanos quanto aos animais. Os espiritualistas admitem a existência da alma, mas alguns não admitem que animais a tenham, enquanto outros admitem uma alma, aos animais, idêntica à dos seres humanos. Alguns dos espiritualistas aceitam a ideia de que os animais possuam a "alma-grupo", que não lhes permite a evolução, pois, ao desencarnarem, eles voltam ao mundo espiritual para se unir ao "Grande Todo" e se diluem nesta massa de espíritos e desaparecem como individualidade. Esta não é a tese espírita que diz que a alma dos animais possui uma individualidade que permanece depois da morte do corpo físico e ainda admite a reencarnação destas que deverão continuar à evolução iniciada no momento em que foi criado, simples e ignorante, como ser espiritual. No entanto, a alma dos animais se encontra em uma fase de evolução anterior à fase de humanidade, portanto ainda não alcançaram o aprendizado suficiente que as habilite a entrar nesta fase mais adiantada.

Quando atingirem esta fase posterior, deixarão de ser almas de animais para se tornar almas de seres humanos, portanto a alma de um animal não pode ser igual à de um ser humano, porque quando se tornar igual, ela passará a ser um ser humano.

57. Por que hão de pretender deste modo confundir o perfectível com o imperfectível? Não, não, convencei-vos de que o fogo que anima os irracionais, o sopro que os faz agir, mover e falar na linguagem que lhes é própria, não tem, quanto ao presente, nenhuma aptidão para se mesclar, unir, fundir com o sopro divino, a alma etérea, o Espírito em uma palavra, que anima o ser essencialmente perfectível: o homem, o rei da criação. Ora, não é essa condição fundamental de perfectibilidade o que constitui a superioridade da espécie humana sobre as

outras espécies terrestres? Reconhecei, então, que se pode assimilar ao homem, que só ele é perfectível em si mesmo e nas suas obras, nenhum indivíduo das outras raças que vivem na Terra. (*O Livro dos Médiuns* – Cap. XXII – Da mediunidade nos animais – nº 236)

Comentários: Aqui o Espírito de Erasto afirma algo que poderia confundir o leitor menos esclarecido, que não tivesse lido as outras obras da Codificação que afirma que todo espírito recebe as mesmas condições de evoluir e atingir a perfeição. Portanto, a alma dos animais possui as mesmas condições de se tornar um arcanjo futuramente, depois de ter passado pela fase humana. O Espírito tentava informar à impossibilidade de o espírito animal se tornar perfeito sem ter passado pela fase humana. Isso é um fato, pois a Natureza não dá saltos, isto é, não salta uma fase para atingir outra posterior sem ter aprendido tudo o que for preciso em fases anteriores.

Por não ser um espírito humano, a alma animal não possui todos os requisitos necessários para se sintonizar perfeitamente a alma do espírito desencarnado e receber dele todas as influências que receberia um médium humano.

O Espírito de Erasto age, em suas palavras, de acordo com o entendimento dos seres humanos daquela época, que eram orgulhosos e tentavam iniciar o seu aprendizado sobre as coisas da espiritualidade que o Espiritismo trazia como novidade. Por isso refere-se aos humanos como "reis da criação". Mas, na verdade, não somos reis, pois a evolução não termina aqui, nesta fase. Há ainda muito que caminhar adiante para alcançarmos a perfeição.

Por isso vemos em *O Livro dos Espíritos* – Cap. VIII – nº 801: *Por que não ensinaram os Espíritos, em todos os tempos, o que ensinam hoje? Não ensinais às crianças o que ensinais aos adultos e não dais ao recém-nascido um alimento que ele não possa digerir. Cada coisa tem seu tempo. Eles ensinaram muitas coisas que os homens não compreenderam ou adulteraram, mas que podem compreender agora. Com seus ensinos, embora incompletos, prepararam o terreno para receber a semente que vai frutificar.*

58. O cão que, pela sua inteligência superior entre os animais, tornou-se o amigo e o comensal do homem, será perfectível por si mesmo, por sua iniciativa pessoal? Ninguém ousaria afirmá-lo, porquanto o cão não faz progredir o cão. O que, dentre eles, se mostre mais bem educado, sempre o foi pelo seu dono. Desde que o mundo é mundo, a lontra sempre construiu sua choça em cima d'água, seguindo as mesmas proporções e uma regra invariável; os rouxinóis e as andorinhas jamais construíram os respectivos ninhos senão do mesmo modo que seus pais o fizeram. Um ninho de pardais de antes do dilúvio, como um ninho de pardais dos tempos modernos, é sempre um ninho de pardais, edificado nas mesmas condições e com o mesmo sistema de entrelaçamento das palhinhas e dos fragmentos apanhados na primavera, na época dos amores. As abelhas e formigas, que formam pequeninas repúblicas bem administradas, jamais mudaram seus hábitos de abastecimento, sua

maneira de proceder, seus costumes, suas produções. A aranha, finalmente, tece a sua teia sempre do mesmo modo. (*O Livro dos Médiuns* – Cap. XXII – Da mediunidade nos animais – nº 236)

Comentários: O Espírito de Erasto, obviamente, estava generalizando o comportamento dos animais, pois, em particular, encontramos comportamentos que mostram iniciativas próprias que são ensinadas aos outros animais. Isso acontece, por exemplo, com os macacos-prego, que possuem cultura, isto é, eles ensinam o que aprenderam de novo aos seus descendentes. Talvez isso não se configure como um enorme salto evolutivo, mas de acordo com os conhecimentos daquela época, ele não poderia entrar em detalhes como este e preferiu admitir que os humanos são os únicos seres que possuem iniciativa.

Se pensarmos em termos evolutivos, os espíritos encarnados na fase animal evoluem mais quando se encontram em contato com os seres humanos, que agem como seus professores de evolução espiritual. O mesmo não acontece conosco em relação aos espíritos superiores. Nossa evolução estagnaria se não recebêssemos instruções específicas da espiritualidade. Se não recebêssemos influências positivas da espiritualidade superior, talvez ainda vivêssemos como os homens das cavernas. Por isso encontramos em *O Livro dos Espíritos*: *Nem todos progridem simultaneamente e do mesmo modo. Dá-se então que os mais adiantados auxiliam o progresso dos outros, por meio do contato social.* Portanto, os homens evoluem em função de aprendizado com nossos tutores espirituais, como acontece com os animais que têm em nós seus professores. Para os humanos, a evolução é mais moral, enquanto que a evolução dos animais é mais intelectual.

59. Que é a alma?
R: *"Um Espírito encarnado"*. (*O Livro dos Espíritos* – Cap. II – nº 134)

Comentários: Note que não há referência quanto a existir diferenças entre almas de animais ou humanos.

60. Que era a alma antes de se unir ao corpo?
R: *"Um Espírito"*. (*O Livro dos Espíritos* – Cap. II – nº 134a)

Comentários: Sabemos que alma é o espírito que se encontra unido a um corpo físico, isto é, se refere a um espírito encarnado. Mas note mais uma vez que não há referência a ser uma exclusividade da alma humana.

61. As almas e os Espíritos são, portanto, idênticos, a mesma coisa?
R: *"Sim, as almas não são senão os Espíritos. Antes de se unir ao corpo, a alma é um dos seres inteligentes que povoam o mundo invisível, os quais temporariamente revestem um invólucro carnal para se purificarem e esclarecerem"*. (*O Livro dos Espíritos* – Cap. II – nº 134b)

Comentários: Então alma e espíritos são sinônimos, com a diferença de que um está ligado a um corpo físico (alma) e outro é desencarnado, que já se desligou e está, provavelmente, se preparando para retornar a algum outro corpo físico novo (espírito).

Enquanto o espírito estiver atado a corpo físico, que o abrigará por uma existência encarnada, o espírito se chama alma.

Não importa se estamos nos referindo a um espírito animal ou de um ser humano. Devemos lembrar que todos os seres orgânicos têm alma e, portanto, todos os seres orgânicos são espíritos encarnados, sejam eles animais, vegetais ou humanos.

62. Há no homem alguma outra coisa além da alma e do corpo?
R: *"Há o laço que liga a alma ao corpo"*. (*O Livro dos Espíritos* – Cap. II – nº 135)
Comentários: Aqui neste caso há uma referência quanto ser alma de um ser humano. Mas isso não impede animais de terem almas, pois encontramos a seguir que os animais possuem "alma animal" e "alma intelectual". Não que possuam duas almas, mas a alma intelectual é uma evolução da alma animal.

Não há referências na Codificação quanto à alma dos animais possuírem tais liames citados, mas se possuem alma, esta ligação está implicitamente admitida também aos outros seres vivos.

63. De que natureza é esse laço?
R: Semimaterial, isto é, de natureza intermédia entre o Espírito e o corpo. É preciso que seja assim para que os dois se possam comunicar um com o outro. Por meio desse laço é que o Espírito atua sobre a matéria e reciprocamente. O homem é, portanto, formado de três partes essenciais: 1º – o corpo ou ser material, análogo ao dos animais e animado pelo mesmo princípio vital. (*O Livro dos Espíritos* – Cap. II – Encarnação dos Espíritos – nº 135a)

Comentários: Aqui encontramos que o homem é semelhante aos animais no que se refere à sua ligação com o corpo que é animado pelo mesmo princípio vital.

64. Sistema da alma coletiva. Constitui uma variante do precedente. Segundo este sistema, apenas a alma do médium se manifesta, porém, identificada com a de muitos outros vivos, presentes ou ausentes, e formando um todo coletivo, em que se acham reunidas as aptidões, a inteligência e os conhecimentos de cada um. Conquanto se intitule A Luz*, a brochura onde esta teoria vem exposta, muito obscuro se nos afigura o seu estilo. Confessamos não ter logrado compreendê-la e dela falamos unicamente de memória. E, em suma, como tantas outras, uma opinião individual, que conta poucos prosélitos.

---

*   A Luz do Fenômeno do Espírito. Mesas falantes, sonâmbulos, médiuns, milagres. Magnetismo espiritual: poder da prática da fé. Por Émah Tirpsé, uma alma coletiva escrevendo por intermédio de uma prancheta. Bruxelas, 1858, edição da Casa Devroye.

Pelo nome de Émah Tirpsé, o autor designa o ser coletivo criado pela sua imaginação. Por epígrafe, tomou a seguinte sentença: Nada há oculto que não deva ser conhecido.

Esta proposição é evidentemente falsa, porquanto uma imensidade há de coisas que o homem não pode e não tem que saber. Bem presunçoso seria aquele que pretendesse devassar todos os segredos de Deus. (*O Livro dos Médiuns* – Cap. IV – Sistemas – nº 44)

Comentários: Muito se comenta que os animais talvez sejam seres sem individualidade e que são parte de um ser não individualizado, chamado "alma-grupo" ou "alma coletiva", em que um animal, na verdade, é como a extensão de uma alma em que todos os animais semelhantes a ele tomam parte.

Assim, por esta tese, um cão, aquele que você tem em casa, por exemplo, não seria um espírito único e individualizado, que estaria se manifestando neste mundo físico naquele corpo.

Ele seria um reflexo de uma outra alma que se espalha pelo mundo e o seu cão, que te faz companhia e que é o seu amigo, não passaria de um reflexo daquela alma, isto é, o seu cão não teria alma e não seria um ser individual, mas apenas uma representação da alma canina, que nem está neste mundo, mas ocupando o "Todo Universal". O Espiritismo, na verdade, nunca aceitou tais hipóteses, mas pelo contrário, diz que todos os espíritos são criados simples e ignorantes e evoluem, isto é, como indivíduos.

Assim como não existe uma alma coletiva para humanos, que são espíritos encarnados em corpos animais, não há também para outras categorias de animais.

Se as almas se confundissem num amálgama (alma coletiva) só teriam as qualidades do conjunto, nada as distinguiria uma das outras. Careceriam de inteligência. (*O Livro dos Espíritos* – Cap. III – Retorno da Vida Corpórea à Vida Espiritual – nº 152)

65. Há outra palavra acerca da qual importa igualmente que todos se entendam, por constituir um dos fechos de abóbada de toda doutrina moral e ser objeto de inúmeras controvérsias, à míngua de uma acepção bem determinada. É a palavra alma. A divergência de opiniões sobre a natureza da alma provém da aplicação particular que cada um dá a esse termo. Uma língua perfeita, em que cada ideia fosse expressa por um termo próprio, evitaria muitas discussões. Segundo uns, a alma é o princípio da vida material orgânica. Não tem existência própria e se aniquila com a vida: é o materialismo puro.

Neste sentido e por comparação, diz-se de um instrumento rachado, que nenhum som mais emite: não tem alma. De conformidade com essa opinião, a alma seria efeito e não causa. Segundo outros, finalmente, a alma é um ser moral, distinto, independente da matéria e que conserva sua individualidade após a morte.

Esta acepção é, sem contradita, a mais geral, porque, debaixo de um nome ou de outro, a ideia desse ser que sobrevive ao corpo se encontra, no estado de crença instintiva, não derivada de ensino, entre todos os povos, qualquer que seja o grau de civilização de cada um.

Essa doutrina, segundo a qual a alma é causa e não efeito, é a dos espiritualistas. Julgamos mais lógico tomá-lo na sua acepção vulgar e por isso chamamos ALMA ao ser imaterial e individual que em nós reside e sobrevive ao corpo.

Mesmo quando esse ser não existisse, não passasse de produto da imaginação, ainda assim fora preciso um termo para designá-lo.

Evitar-se-ia igualmente a confusão, embora usando-se do termo alma nos três casos, desde que se lhe acrescentasse um qualificativo especificando o ponto de vista em que se está colocado, ou a aplicação que se faz da palavra. Esta teria, então, um caráter genérico, designando, ao mesmo tempo, o princípio da vida material, o da inteligência e o do senso moral, que se distinguiriam mediante um atributo, como os gases, por exemplo, que se distinguem aditando-se ao termo genérico as palavras hidrogênio, oxigênio ou azoto.

Poder-se, assim dizer, e talvez fosse o melhor, a alma vital indicando o princípio da vida material; a alma intelectual o princípio da inteligência, e a alma espírita o da nossa individualidade após a morte. Como se vê, tudo isto não passa de uma questão de palavras, mas questão muito importante quando se trata de nos fazermos entendidos.

De conformidade com essa maneira de falar, a alma vital seria comum a todos os seres orgânicos: plantas, animais e homens; a alma intelectual pertenceria aos animais e aos homens; e a alma espírita somente ao homem. (*O Livro dos Espíritos* – Introdução)

Comentários: Pelo enunciado percebemos que todos os seres orgânicos possuem alma. Por seres orgânicos entendemos todos aqueles compostos por moléculas orgânicas, como proteínas, por exemplo. Portanto, podemos dizer que até mesmo uma bactéria ou um vírus possua alma.

Assim, se os micro-organismos, que são seres orgânicos possuem alma, não podemos nos surpreender que os animais como os cães, gatos, cavalos, bovinos e quaisquer animais selvagens ou não possuam também. Algumas pessoas negam categoricamente que estes seres (os animais) possuam alma individual, pois ainda persiste no meio espírita o conceito vindo da Teosofia (e não Espiritismo) de que os animais possuem alma coletiva ou alma-grupo, em que os animais não são indivíduos, mas a manifestação de uma única alma comum a todos os animais. Obviamente isso não é o que acontece, de acordo com a visão espírita, que percebe nos animais espíritos individualizados desde o momento em que foi criado, como princípio inteligente. Por isso é que se diz que o espírito evolui do átomo ao arcanjo.

66. Poder-se, assim dizer, e talvez fosse o melhor, a alma vital indicando o princípio da vida material; a alma intelectual o princípio da inteligência, e a alma espírita o da nossa individualidade após a morte. Como se vê, tudo isto não passa de uma questão de palavras, mas questão muito importante quando se trata de nos fazermos entendidos.

De conformidade com essa maneira de falar, a alma vital seria comum a todos os seres orgânicos: plantas, animais e homens; a Alma intelectual pertenceria aos animais e aos homens; e a alma espírita somente ao homem.

Julgamos dever insistir nestas explicações pela razão de que a doutrina espírita repousa naturalmente sobre a existência, em nós, de um ser independente da matéria e que sobrevive ao corpo.

A palavra alma, tendo que aparecer com frequência no curso desta obra, cumpria fixássemos bem o sentido que lhe atribuímos, a fim de evitarmos qualquer engano. (*O Livro dos Espíritos* – Introdução)

Comentários: O espírito é o mesmo desde que foi criado. Não há distinção entre a alma de um vegetal, de um animal ou de um ser humano, pois todos os Espíritos possuem a mesma origem. Por falta de uma definição melhor, o Espírito de Verdade separa por uma contingência de nossa ignorância, a alma em três categorias: alma animal; alma intelectual e alma espírita. Esta definição é apenas didática e sem um valor maior do que um melhor entendimento de que o espírito à medida que evolui. O espírito, quando evolui, inicialmente, torna-se menos influenciável pelos instintos do corpo físico e se torna mais intelectualizado pelo Espírito, para posteriormente se tornar mais espiritualizado ao chegar a ponto de maior contato com o entendimento das coisas do espírito, na fase humana.

Os Instintos Animais

67*.

68. (...) Ao se observar os efeitos do instinto, distingue-se, em primeiro lugar, uma uniformidade, uma segurança de resultados que não existem mais, na medida em que o instinto é trocado pela inteligência livre.

Além disso, reconhecemos uma profunda sabedoria na adequação tão perfeita e constante das faculdades instintivas, às necessidades de cada espécie. Essa uniformidade não poderia existir sem a unidade de pensamento e, por consequência, com a multiplicidade das causas ativas. Ora, em consequência do progresso que as inteligências individuais realizam incessantemente, há entre elas uma diversidade de aptidões e

---
* Item excluído (N. do E.).

vontades incompatível com esse conjunto tão perfeitamente harmonioso que se produziu, desde a origem dos tempos e em todas as regiões, com regularidade e precisão matemáticas, sem jamais falhar. Essa uniformidade no resultado das faculdades instintivas é um fato característico que implica, forçosamente, na unidade da causa. Se essa causa fosse inerente a cada individualidade, haveria tanta variedade de instintos quanto de indivíduos, desde os vegetais até o homem. Um efeito geral, uniforme e constante, deve ter uma causa geral, uniforme e constante; um efeito que revele sabedoria e previdência deve ter uma causa sábia e previdente.

Ora, uma causa sábia e previdente, sendo necessariamente inteligente, jamais poderá ser exclusivamente material.

Não se encontrando nas criaturas encarnadas ou desencarnadas as qualidades necessárias para produzir tal resultado, é preciso ir mais alto, isto é, ao próprio Criador. Se nos atermos à explicação que foi dada sobre a maneira como se pode conceber a ação providencial (veja no capítulo II, item 25), considerando todos os seres penetrados do fluido divino, soberanamente inteligente, compreende-se a sabedoria previdente e a uniformidade que presidem a todos os movimentos instintivos, para o bem de cada um. Essa solicitude é tanto mais ativa quanto menor a quantidade de recursos que o indivíduo possui, em si mesmo, e em sua inteligência. É por isso que ela se mostra maior e mais absoluta entre os animais e nos seres inferiores aos homens.

De acordo com essa teoria, compreende-se porque o instinto é sempre um guia seguro. O instinto maternal, o mais nobre de todos, que o materialismo rebaixa ao nível das forças atrativas da matéria, fica realçado e enobrecido. Em razão de suas consequências, não poderia ser entregue às eventualidades caprichos volúveis da inteligência e do livre-arbítrio. Pelo organismo das mães, o próprio Deus vela as criaturas que nascem. (*A Gênese* – Cap. III – "O instinto e a inteligência" – nº 15)

Comentários: É comum encontrar pessoas que afirmam que os animais não possuem uma alma ou um espírito individualizado, mas, sim, uma alma coletiva (já comentada anteriormente).

Tendo uma alma coletiva ou sendo apenas a manifestação de uma "alma-grupo", o animal não chega a ser verdadeiramente um espírito. Por este raciocínio um cão nada mais seria que o reflexo desta alma-grupo e por isso ele não pensa, não raciocina, não sente, não vive verdadeiramente, mas apenas representa um objeto.

Talvez este raciocínio se deva à observação de comportamentos que se repetem na Natureza dentro das espécies, como se uma força maior os direcionasse a repetir os movimentos instintivos, mesmo que aquele animal não tenha tido com outro, que pudesse observar para aprender. Os atos repetitivos dos animais, de fato, não se devem exclusivamente a uma ação do corpo físico, mas a uma ação anterior determinada por Deus.

No entanto, até mesmo os seres humanos agem por instintos e apresentam alguns comportamentos repetitivos próprios de nossa espécie. Ver em *O Livro dos Espíritos* – Cap. VIII – nº 788: *Os povos são individualidades coletivas que, como os indivíduos, passam pela infância, a idade da madura e a decrepitude.* Nem por isso atribuiríamos aos seres humanos a falta de inteligência e sentimentos, ou nos atribuiríamos a nós mesmos as características de meros objetos.

Tais atitudes repetitivas e instintivas são recursos que o Criador dispõem aos animais para seu aprendizado e sobrevivência. Quanto mais primitivo é o ser, mais instintivo será. Por isso o enunciado diz: *Tanto mais ativa é essa solicitude, quanto menos recursos têm o indivíduo em si mesmo e na sua inteligência. Por isso é que ela se mostra maior e mais absoluta nos animais e nos seres inferiores, do que no homem.*

69. Todas essas maneiras de encarar o instinto são necessariamente hipotéticas, e algumas não têm uma característica de autenticidade suficiente para se dar como solução definitiva. A questão será, certamente, resolvida um dia, quando forem reunidos os elementos de observação que ainda faltam. Até lá é preciso se limitar a submeter as opiniões diversas ao cadinho da razão e da lógica e esperar que a luz se faça. A solução que mais se aproximar da verdade será necessariamente aquela que corresponda ao máximo aos atributos de Deus, isto é, com sua soberana bondade e justiça. (*A Gênese* – Cap. III – "O instinto e a inteligência" – nº 17)

Comentários: As atitudes instintivas são atribuídas às necessidades de manutenção da existência das espécies sem levar em consideração os atributos dos espíritos. No entanto, sejam quais forem as explicações para o comportamento do indivíduo instintivo, será de acordo com a Bondade e Justiça Divina, pois Deus é Soberanamente Bom e Justo. Nada faria se não servisse à evolução espiritual. Por isso mesmo atribuindo, hipoteticamente, aos animais, apenas instintos, estes, por intermédio deles, acabariam desenvolvendo alguma inteligência que os habilitaria, algum dia, a entrar para outra categoria evolutiva na qual pudesse desenvolver o raciocínio. É a Lei do Progresso.

70. O instinto, sendo o guia e as paixões, a força motora das almas, no primeiro período de seu desenvolvimento, algumas vezes é confundido quanto aos seus efeitos, sobretudo na linguagem humana que nem sempre contribui o suficiente para expressar todas as matrizes. Entretanto, há entre esses dois princípios diferenças essenciais a considerar.

O instinto é um guia seguro, sempre bom. Depois de certo tempo, torna-se inútil, mas nunca prejudicial. Ele se enfraquece com a predominância da inteligência.

As paixões, nas primeiras idades da alma, têm, em comum com o instinto, o fato de que as criaturas são incitadas, por uma força igualmente inconsciente. Elas nascem mais particularmente das necessidades do corpo e dependem do organismo mais que o instinto.

O que as distingue melhor sobretudo do instinto, é que são individuais e não produzem, como este, efeitos gerais e uniformes. Ao contrário, vemos que variam de intensidade e de natureza, conforme os indivíduos. São úteis como estímulo, até a eclosão do senso moral, que, de um ser passivo, faz um ser racional. A partir desse momento, elas se tornam não somente inúteis, mas prejudiciais ao adiantamento do Espírito, pois retardam seu domínio sobre a matéria. As paixões se enfraquecem com o desenvolvimento da razão. (*A Gênese* – Cap. III – nº 18)

Comentários: Tanto os instintos quanto as paixões são importantes para a sobrevivência dos seres primitivos. Ambos em conjunto movem o ser a se esforçarem por sobreviver neste mundo físico hostil. Com isso evolui. No entanto à medida que a razão cresce, a inteligência do ser se sobrepõe àqueles, forçando a elevação moral. Se, em certa altura da evolução, principalmente na fase animal, depois que eclodir a razão, estes perdem parte de seu valor e dificultam a ação deste último, que precisa lutar contra suas influências para que elas não se tornem *nocivas ao progresso do Espírito.*

71. O homem que agisse constantemente só por instinto poderia ser muito bom, mas manteria a inteligência adormecida. Seria como a criança que, se deixar o andador, não sabe usa as pernas. Quem não domina as paixões pode ser muito inteligente, mas, ao mesmo tempo, muito mau. *O instinto se extingue por si mesmo; as paixões só são dominadas pelo esforço da vontade.* (*A Gênese* – Cap. III – nº 19)

Comentários: Os instintos caracterizam-se por ações padronizadas, típicas de determinadas espécies, porém, as paixões são caracterizadas por ações particulares do indivíduo, que ainda não se notabiliza pelo uso da razão. Enquanto os instintos se extinguem automaticamente pelo uso da razão, as paixões necessitam de um esforço da vontade para deixar de agir sobre nossa vontade. Nos animais selvagens há predominância dos instintos, enquanto nos domésticos, estes se mesclam com as paixões em certas proporções. À medida que se tornam mais humanizados estas paixões tendem a diminuir, mas somente deixarão de existir em fases mais adiantadas da fase de humanidade plena.

**72. (…) Um é livre, o outro não. O instinto é um guia seguro, que jamais se engana; a inteligência, pelo simples fato de ser livre, ocasionalmente, está sujeita a erros.
Se o ato instintivo não tem o caráter do ato inteligente, ele revela, entretanto, uma causa inteligente essencialmente previdente. Admitindo-se que o instinto procede da matéria, torna-se forçoso admitir que a matéria seja inteligente; até mais inteligente e previdente que a alma, já que o instinto não se engana, ao passo que a inteligência se equivoca.** (*A Gênese* – Cap. III – nº 12)

Comentários: O instinto, como vemos, não é algo pernicioso e nem demonstra somente atraso moral, pois é também uma espécie de inteligência, que é atributo do espírito. Lembre-se de que mesmo o ser humano possui muitos instintos ainda.

73. Se os animais são dotados só de instinto, seu futuro fica sem saída; seus sofrimentos não teriam nenhuma compensação. Isso não estaria conforme a justiça e a bondade de Deus. (*A Gênese* – Cap. III – nº 12)

Comentários: Dizem que os animais somente agem por instintos e que não são dotados de inteligência, raciocínio nem sentimentos. Este é um conceito defasado, pois a Ciência já provou o contrário. Se se considerar que os animais sejam apenas instintivos e nada percebem do ambiente onde vivem, de que valeria todo o sofrimento por que passam? Deus não estaria sendo justo com estes Espíritos se não lhes permitissem aprender com as adversidades, Deus seria injusto, pois se assim fosse, eles sofreriam sem um motivo e não lhes seria reservado um futuro melhor. Mas pelo enunciado, os instintos permitem evitar maiores sofrimentos para que a inteligência assimile o que foi aprendido para proveito futuro, ao longo da evolução.

74. (...) o exercício das paixões é uma necessidade para a conservação da espécie e dos indivíduos, materialmente falando. Porém, saindo desse período, possui outras necessidades, a princípio semimorais e semimateriais, e depois exclusivamente morais. É então que o Espírito domina a matéria. Na medida em que se liberta de seu jugo, avança pela vida adequada e se aproxima de seu destino final. Se, ao contrário, deixar-se dominar pela matéria, se atrasa e se identifica com os irracionais. Nessa situação, o que antes era um bem, por ser uma necessidade da sua natu-

reza, torna-se um mal, não só por não ser mais uma necessidade mas porque se torna nocivo para a espiritualização do ser. Por isso, o mal é relativo, e a responsabilidade é proporcional ao grau de adiantamento.

(...) Entre os homens, o instinto o domina exclusivamente no começo da vida. É por instinto que a criança faz os primeiros movimentos, agarram o alimento, grita para exprimir os desejos, imita o som da voz, ensaia para falar e caminhar. Entre os adultos, certos atos são instintivos; tais são os movimentos espontâneos para evitar um risco, fugir de um perigo, para manter o equilíbrio do corpo. Também o piscar dos olhos para regular a claridade da luz, a abertura instintiva da boca para respirar, etc. (*A Gênese* – Cap. III – n°s 10-11)

Comentários: O exercício das paixões é importante aos seres primitivos, encarnados, para se preservarem no mundo físico. São os instintos impostos pela influência do nosso corpo físico ao nosso espírito. Esta influência é essencial para a sobrevivência deste que ainda vive em uma fase primitiva de sua evolução. Nós já estivemos nesta fase, quando estagiamos nas fases primitivas de nossa existência. Mas à medida que progredimos e passamos para fases mais adiantadas, aquela influência que nos foi benéfica à sobrevivência passa a ser um empecilho ao nosso crescimento moral, pois o nosso crescimento moral está na proporção inversa a essa influência física sobre nós. Esta influência instintiva, que nos foi cara nos primórdios de nossa existência, passa a ser um entrave à nossa evolução a partir do momento em que a razão ganha espaço.

75. Se estudarmos todas as paixões, e até mesmo todos os vícios, vemos que eles têm seu princípio no instinto de conservação. Esse instinto, em toda sua força nos animais e nos seres primitivos que estão mais próximos da vida animal, ele domina sozinho, porque, entre eles, ainda não há de contrapeso o senso moral. O ser ainda não nasceu para a vida intelectual. (*A Gênese* – Cap. III – "Fonte do bem e do mal" – nº 9)

Comentários: Este enunciado mostra que não somos, realmente, seres criados à parte. Mostra que não somente passamos pelas "fieiras da animalidade" como ainda mostramos em nossas personalidades muitas características instintivas que trazemos do estágio que fizemos nas categorias animais anteriores a que nos encontramos hoje. Agimos ainda movidos pelos instintos de conservação como faz um animal, que consideramos primitivos.

76. (...) O instinto enfraquece, ao contrário, à medida que a inteligência se desenvolve, porque domina a matéria. (...) O destino do Espírito é a vida espiritual. Mas, nas primeiras fases de sua existência corporal, ele só possui necessidades materiais para satisfazer. (*A Gênese* – Cap. III – "Fonte do bem e do mal" – nos 9-10)

Comentários: Por meio dos estágios que já fizemos nos diversos reinos da Natureza e neste pelo qual ainda estamos passando, nós vamos aprendendo a controlar a ação que a vontade do corpo (matéria) tem sobre a vontade do espírito que deveria comandá-lo. À medida que nós, como espíritos, aprendemos e aproveitamos em nós mesmos as lições sobre moral, nos desligamos da influência física e instintiva impressa pelo corpo. Algumas pessoas não aceitam esta tese de que há uma ação do corpo sobre o espírito, mas a influência inegavelmente, existe. Segundo o Espírito de Verdade, *o corpo é um ser dotado de vitalidade e de instintos, porém ininteligentes e restritos ao cuidado que a sua conservação requer.* Enquanto o corpo possui apenas instinto de sobrevivência, o espírito, que é imortal, aprenderá controlar totalmente, ao longo de sua jornada evolutiva, tal influência instintiva.

77. Desde o início de sua formação, goza o Espírito da plenitude de suas faculdades?
R: Não, pois que para o Espírito, como para o homem, também há infância. Em sua origem, a vida do Espírito é apenas instintiva. Ele mal tem consciência de si mesmo e de seus atos. A inteligência só pouco a pouco se desenvolve. (*O Livro dos Espíritos* – Cap. IV – "Transmigração Progressiva" – nº 189)

Comentários: Se o ser humano fosse criado como é, isto é, como ser humano sem ter passado pela fase animal, não teria exclusivamente instintos em nenhuma época de suas existências encarnadas. Isso dá prova de que os seres humanos passam pela fase de animalidade antes de entrar na fase de humanidade.

78. Podemos dizer que os animais agem apenas por instinto?

R: "Há nisso um sistema. É bem verdade que o instinto domina na maior parte dos animais, mas não vê que alguns agem com uma vontade determinada? Têm inteligência, mas ela é limitada". Além do instinto, não se poderia negar a certos animais a prática de atos combinados que denotam uma vontade de agir num sentido determinado e segundo as circunstâncias. (*O Livro dos Espíritos* – Cap. XI – "Os animais e o homem" – n º 593)

Comentários: Atualmente diversos estudos vêm sendo desenvolvidos por cientistas que comprovam a inteligência e sentimentos nos animais. Rupert Sheldrake comprovou esta tese com suas pesquisas publicadas há alguns anos.

Mas não somente a Ciência, que em geral é aliada das teses espíritas, pois os espíritos confirmam isso. Erasto, um espírito, diz, em *O Livro dos Médiuns*: "*Reconheço perfeitamente que há nos animais aptidões diversas; que certos sentimentos, certas paixões, idênticas às paixões e aos sentimentos humanos, se desenvolvem neles; que são sensíveis*. Recentemente um cão da raça beagle recebeu um prêmio por ter salvado a vida de sua dona ao telefonar para o serviço de emergência, quando ela estava tendo uma crise cardíaca. Este ato, não é uma atitude instintiva, mas inteligente.

OS TRÊS REINOS

Os minerais e as plantas

79. O que os Espíritos pensam sobre a divisão da Natureza em três reinos (mineral, vegetal e animal) – alguns fazem da espécie humana um quarto reino; ou em duas classes: os seres orgânicos e os seres inorgânicos? Qual dessas divisões é preferível?
R: "Todas são igualmente boas; depende do ponto de vista. Sob o aspecto material, há seres orgânicos e seres inorgânicos (…)(*O Livro dos Espíritos* – Cap. XI – Os três reinos – nº 585)

Comentários: A Ciência classifica os seres físicos em seres orgânicos e inorgânicos. Dentre estes há a divisão em seis reinos: o reino mineral, das bactérias, dos protozoários, dos fungos, vegetais e animal. O reino hominal, para a Ciência, não existe, pois o ser humano é um animal. O reino hominal é classificação moral, que somente existe no meio espírita.

No entanto, existem, por exemplo, seres intermediários. Há os vírus que seriam os intermediários entre os seres inorgânicos e orgânicos. Os fungos seriam os intermediários entre os vegetais e os animais. Existem muitas outras formas intermediárias entre um e outro reino.

80. (...) "do ponto de vista moral, há evidentemente quatro graus". (*O Livro dos Espíritos* – Cap. XI – Os três reinos – nº 585)

Comentários: Do ponto de vista moral, o ser humano encontra-se isolado, ao menos em nosso planeta, pois é o único que atingiu este patamar que o diferencia moralmente dos outros seres que convivem conosco. No reino hominal, como querem alguns, é o que se encontra o ser humano como único representante.

81. Esses quatro graus têm, com efeito, caracteres bem definidos, embora os seus limites pareçam confundir-se. A matéria inerte, que constitui o reino mineral, tem apenas uma força mecânica. (*O Livro dos Espíritos* – Cap. XI – Os três reinos – nº 585)

Comentários: Na Codificação, encontramos que até mesmo no reino mineral o princípio vital está presente, mas encontra-se em forma latente, como se fossem seres orgânicos, mas se constitui de matéria sem vida orgânica. Mas como é difícil determinar os limites entre os reinos, encontramos os vírus, que poderiam ser estudados pela mineralogia, no entanto se reproduzem; as plantas carnívoras capturam seu alimento, como se fossem animais; há animais que agem de forma inteligente e sensível como se fossem humanos.

82. As plantas, compostas de matéria inerte, são dotadas de vitalidade; os animais, compostos de matéria inerte e dotados de vitalidade, têm também uma espécie de inteligência instintiva, limitada, com a consciência de sua existência e de sua individualidade. O homem, tendo tudo o que há nas plantas e nos animais, domina todas as outras classes por sua inteligência especial ilimitada, que lhe dá a consciência de seu futuro, a percepção das coisas extramateriais e o conhecimento de Deus. (*O Livro dos Espíritos* – Cap. XI – Os três reinos – nº 585)

Comentários: O Espiritismo fala principalmente aos simples. Por isso, não procura se aprofundar em detalhes e exceções, mas a Ciência já nos provou que até mesmo as plantas possuem certo grau de psiquismo. Esta tese foi provada por cientistas como Peter Tompkins e Christopher Bird. Portanto, já não podemos dizer que os vegetais sejam apenas matéria inerte apenas com vitalidade, mas seres que possuem rudimentos de inteligência, que se assemelham a de alguns animais primitivos. As plantas carnívoras são exemplos disso.

Os animais possuem, além da matéria inerte, também inteligência. Esta já pode ser percebida mesmo nos animais primitivos e simples. Nos animais superiores como os golfinhos, cães, cavalos, encontramos, como já mencionamos, inteligência em graus variados que podem se aproximar daquela que possui certas pessoas, mas não a inteligência média dos seres humanos, que, além de inteligência, possui maior consciência moral e espiritual. Digo maior, pois há animais que também demonstram ter rudimentos de moralidade.

83. As plantas têm consciência de sua existência?
R: "Não, elas não pensam, têm apenas a vida orgânica." (*O Livro dos Espíritos* – Cap. XI – Os três reinos – nº 586)
Comentários: Peter Tompkins e Christopher Bird mostraram que plantas têm algo que se parece com medo. Este comportamento é uma demonstração de uma característica considerada própria dos animais, ou seja, instinto de sobrevivência. Em *O Livro dos Espíritos*, encontramos: O instinto é uma espécie de inteligência. Portanto, se as plantas possuem instintos de sobrevivência, então podemos dizer que possuem não somente vida orgânica, mas também inteligência, ainda que muito rudimentar.

A Ciência mostra que mesmo os micro-organismos como as bactérias e os vírus possuem algum rudimento de inteligência.

84. Certas plantas, tais como a sensitiva e a dioneia, por exemplo, têm movimentos que acusam uma grande

sensibilidade e, em certos casos, uma espécie de vontade, como a última, cujos lóbulos apanham a mosca que vêm pousar sobre ela e para a qual parece ter preparado uma armadilha para matar. Essas plantas são dotadas da faculdade de pensar? Têm uma vontade e formam uma classe intermediária entre a natureza vegetal e a natureza animal? São uma transição de uma para a outra?
"Tudo é transitório na Natureza pelo fato mesmo de que nada é semelhante e que, no entanto, tudo se interliga. As plantas não pensam e, por conseguinte, não têm vontade. A ostra que se abre e todos os zoófitos não têm pensamento: não dispõem senão de um instinto natural e cego."
O organismo humano nos fornece exemplos de movimentos analógicos sem a participação da vontade, como nas funções digestivas e circulatórias. O piloro se fecha ao contato de certos corpos para negar-lhes a passagem. O mesmo deve acontecer com a sensitiva, na qual os movimentos não implicam a necessidade de uma percepção e menos ainda de uma vontade. (*O Livro dos Espíritos* – Cap. XI – Os três reinos – nº 589)

Comentários: Já comentamos anteriormente sobre as transições entre os reinos. Por falta de uma classificação científica mais elaborada, naquela época, classificaram certos seres pertencentes ao reino animal como se fossem seres intermediários entre o reino vegetal e o animal, por causa da aparência. O termo "zoófito" significa "animal-planta". Era o termo usado para classificar certos seres marinhos, como as anêmonas, por exemplo, que são animais e não possuem nenhuma característica vegetal exceto a vida fixa.

85. Não há nas plantas, como nos animais, um instinto de conservação que as leva a procurar o que lhes pode ser útil e a fugir do que lhes pode prejudicar?
"Há, se assim quiserem, uma espécie de instinto: isso depende da extensão que dermos a essa palavra, mas é puramente mecânico. Quando, nas reações químicas, vê-se dois corpos se unirem, é que se afinam, quer dizer, que há afinidades entre eles, entretanto, não se chama a isso de instinto." (*O Livro dos Espíritos* – Cap. XI – Os três reinos – nº 590)

Comentários: Esta explicação confirma nosso comentário anterior sobre os instintos das plantas.

86. Nos mundos superiores as plantas têm, como os outros seres, uma natureza mais perfeita?
"Tudo é mais perfeito, mas as plantas são sempre plantas, como os animais são sempre animais e os homens sempre homens." (*O Livro dos Espíritos* – Cap. XI – Os três reinos – nº 591)

Comentários: No início de nosso trabalho, destacamos que, ao nos citarmos a animais, estaríamos fazendo referência aos seres espirituais que habitam corpos físicos da categoria animal. Neste enunciado, o Espírito de Verdade esclarece, ao citar que ... *plantas são sempre plantas, como* *os animais são sempre animais e os homens sempre homens.* A corpos físicos e não ao ser espiritual que o habita. Se considerarmos que estes seres serão sempre os mesmos, não haverá evolução. Deste modo, assim como as plantas não evoluirão para animais, estes nunca evoluirão para o reino hominal, como já foi citado anteriormente. Se não houvesse evolução, este enunciado do Espírito de Verdade estaria em contradição com outro que diz, que o Espírito evolui do *átomo ao arcanjo*: *É assim que tudo serve, tudo se encadeia na Natureza, desde o átomo primitivo até o arcanjo, pois ele mesmo começou pelo átomo.* (O Livro dos Espíritos – Cap. IX – nº 540) Neste último, se referindo ao ser espiritual, que evolui do átomo (ou princípio inteligente individualizado), passando pelos vários reinos ate atingir o reino hominal e prosseguir além e chegar ao arcanjo.

COMER OU NÃO COMER CARNE

87. A destruição recíproca dos seres vivos é uma lei da natureza que, ao primeiro exame, não se concilia com a bondade de Deus. Pergunta-se por que Deus criou a necessidade de se destruírem mutuamente para se alimentarem uns às custas dos outros.

Para aquele que só veem a matéria e limitam sua visão à vida presente, isso parece uma imperfeição na obra divina. A partir daí, os incrédulos concluem que Deus não é perfeito e, por essa razão, não existe. Isso é que julgam a perfeição de Deus pelo ponto de vista deles; medem a sabedoria divina de acordo com o próprio entendimento e supõe que Deus não poderia fazer melhor que eles. Com sua visão estreita, não avaliam o conjunto, não compreendem que um bem real possa vir de um mal aparente. Só o conhecimento do princípio

espiritual, considerado em sua verdadeira essência, bem como o da grande lei de unidade que constitui a harmonia da Criação, pode dar ao homem a chave desse mistério, mostrar-lhe a sabedoria providencial e a harmonia precisamente lá, onde vê uma anomalia e uma contradição. (*A Gênese* – Cap. III – nº 20)

Comentários: O corpo possui existência finita, enquanto o espírito é infinito. O corpo nasce, cresce, envelhece e morre, isto é, degrada-se e se desfaz para devolver à Natureza os seus componentes ocorrendo uma reciclagem. Estes componentes, que anteriormente formavam os corpos físicos, que serviram de abrigo ao espírito, se reorganizam por força da Natureza e voltam a formar novos corpos. Quando um ser destrói o corpo físico de outro ser, para se alimentar, os nutrientes, isto é, as partes dos corpos destruídos, são transformados em componentes que promovem a manutenção do corpo daquele que assimilou tais componentes. Por isso *na Natureza nada se perde, tudo se transforma*, já dizia Leibniz. Para que não houvesse a necessidade de se criar sempre novos corpos, com componentes novos a cada nascimento físico, Deus permite que os seres vivos se destruam entre si para "reciclar" os componentes disponíveis em nosso ambiente terrestre. Assim, os corpos físicos fornecem componentes para formar novos corpos, mas o espírito não morre e não precisa ser reciclado. Os sofrimentos decorrentes da destruição são passageiros, temporários e fazem parte do aprendizado evolutivo.

88. A verdadeira vida, tanto do animal quanto do homem, não está no envoltório corporal nem em uma roupa. Ela está no princípio inteligente, que preexiste e sobrevive ao corpo. Esse princípio precisa do corpo para se desenvolver, pelo trabalho que realiza na matéria bruta. O corpo se desgasta nesse trabalho, mas o Espírito não se cansa, ao contrário, sai dele cada vez mais fortalecido, lúcido e capaz. O que importa, então, é que o Espírito mude mais ou menos frequentemente do invólucro! Não deixa de ser Espírito por causa disso. É exatamente como se um homem mudasse de roupa cem vezes por ano: não deixaria de ser o mesmo homem.

Pelo espetáculo incessante da destruição, Deus ensina aos homens a pouca importância que deveriam dar ao envoltório material e desperta neles a ideia da vida espiritual, fazendo que a desejem como compensação.

Alguém dirá: Deus poderia chegar ao mesmo resultado por outros meios, sem sujeitar os seres vivos a se destruírem entre uns aos outros? Bem arriscado aquele que deseja alcançar as intenções de Deus! Se em sua obra tudo é sabedoria, devemos supor que essa sabedoria não será maior num ponto que em outros; se não compreendemos assim, é por causa de nosso pouco adiantamento. Contudo, podemos tentar investigar a causa, tomando como orientação o princípio: Deus deve ser infinitamente justo e sábio. Portanto, procuremos em tudo sua justiça e sabedoria, curvando-nos diante do que ultrapassar nosso entendimento. (*A Gênese* – Cap. III – nº 21)

Comentários: Como foi dito, o Espírito é eterno e não se destrói, enquanto o corpo cuja vida é finita, é um instrumento de manifestação de nosso Espírito e serve também como uma vestimenta do Espírito se renova a cada encarnação. É necessário que isso aconteça para que experimentemos diversas situações distintas em corpos diferentes. Se o corpo fosse também indestrutível, teríamos que já ser colocados, como espíritos, em um único corpo o qual teríamos eternamente.

Isso implicaria em sermos criados especialmente para habitar, eternamente, um único tipo de corpo, o que determinaria uma falibilidade para Deus, que seria injusto com aqueles seres que hoje, por exemplo, consideramos como inferiores, isto é, Deus seria parcial. Ainda não experimentaríamos a vida nas fases primitivas, nas quais já estivemos, não conheceríamos as situações em diferentes sexos, nem o que é ser fraco, ou doente, ou qualquer que seja a experiência que se diferencie daquela estabilidade, inútil, que teríamos eternamente, caso nosso corpo não se destruísse. Se assim fosse nossa evolução não existiria ou seria sempre incompleta.

89. Uma primeira utilidade que aparece dessa destruição, puramente física, é que os corpos orgânicos somente se conservam com a ajuda de matéria orgânica, pois só ela contém os elementos nutritivos necessários à sua sobrevivência. Como os corpos, instrumentos de ação do princípio inteligente, precisam ser incessante-

mente renovados, a Providência faz com que sirvam à sua mútua manutenção. É por isso que os seres se alimentam uns dos outros. Os corpos se nutrem do corpo, mas o Espírito não é alterado nem destruído. Apenas fica sem o envoltório corporal. (*A Gênese* – Cap. III – nº 22)

Comentários: Nossos corpos são formados basicamente por elementos químicos sendo os principais: carbono, oxigênio, hidrogênio e nitrogênio. Estes circulam pela Natureza para formar os corpos orgânicos dos seres vivos. Para manter a estabilidade da manutenção destes no meio ambiente é preciso que aqueles que estão nos corpos vivos sejam devolvidos, depois de algum tempo, à Natureza para que se formem outros novos corpos, que poderão abrigar os espíritos que necessitarão retornar ao mundo físico para continuar o aprendizado.

90. Existem também considerações morais de uma ordem mais elevada.

A luta é necessária para o desenvolvimento do Espírito; é na luta que ele exercita suas faculdades. Aquele que ataca para ter seu alimento e o que se defende para conservar sua vida, usam de astúcia e inteligência, ampliando, por si mesmos, as forças intelectuais. Um dos dois sucumbe. Mas o que realmente o mais forte e hábil tirou do mais fraco? Sua vestimenta de carne e nada mais. O Espírito, que não morreu, depois de algum tempo terá um outro corpo. (*A Gênese* – Cap. III – nº 23)

Comentários: Sendo o Espírito uma entidade eterna, a experiência por que passa na carne se constitui em aprendizado que lhe servirá posteriormente na sua elevação moral. Quando tal espírito destrói outro para a sobrevivência do seu próprio corpo, ele aplica táticas de ataque e de defesa; desenvolve meios para tornar mais eficiente tal manutenção por meio de associações entre semelhantes, estimulando a formação de comunidades que, em conjunto, favorecerá uma sobrevivência mais fácil.

Indiretamente favorece não somente a própria sobrevivência, mas também a evolução social entre os seres, que precisarão se entender entre si para tornar cada vez mais eficiente o trabalho de sobreviver.

De qualquer modo, mesmo sobrevivendo mais que a vítima, o caçador também, cedo ou tarde, terá de devolver o seu corpo à Natureza, liberando o Espírito, que terá um novo corpo para prosseguir em suas experiências evolutivas.

91. Nos seres inferiores da Criação, aqueles cujo senso moral ainda não existe, no qual a inteligência não substituiu o instinto, a luta só pode ter como objetivo a satisfação de necessidades materiais. Uma das necessidades mais imperiosas é a da alimentação. Eles, então, lutam apenas para sobreviver, ou seja, por conquistar ou defender uma presa, mas não poderiam ser estimulados por um motivo mais elevado. (*A Gênese* – Cap. III – nº 24)

Comentários: Quanto mais primitivo o ser, maiores serão as manifestações instintivas, que implicam em maior necessidade de luta para a sobrevivência do corpo e da espécie animal, pois sendo seres que ainda não tiveram experiências reencarnatórias suficientes para lhes dar maior inteligência e discernimento moral possuem por maior objetivo apenas a sobrevivência.

À medida que tal espírito, ao longo de inúmeras reencarnações, adquire maior bagagem emocional, intelectual e moral, ele vai necessitando cada vez menos da intervenção dos instintos, pois sua evolução lhe fornece corpos cada vez mais sutis e menos instintivos. São nesses momentos que o espírito se sente mais livre para exercer seus dotes espirituais e morais com menos restrições, como aquelas que foram impostas pelos antigos corpos densos.

92. É nesse primeiro período que a alma se elabora e ensaia para a vida. Assim que ela atinge o grau de maturidade, necessário para sua transformação, recebe de Deus novas faculdades: o livre-arbítrio e o senso moral, a centelha divina, em uma palavra, que dá um novo curso a suas ideias, dotando-a de novas aptidões e percepções.

Porém, as novas faculdades morais com as quais foi dotada, só se desenvolvem gradualmente porque nada é brusco na natureza. Há um período de transição, no qual o homem muito pouco se distancia dos irracionais. Nos primeiros tempos, o instinto animal domina e o motivo da luta continua sendo a satisfação das necessidades

materiais. Mais adiante, o instinto animal e o sentimento moral se contrabalançam/equilibram. Então, o homem luta não mais para se nutrir, mas para satisfazer a ambição, o orgulho, a necessidade de domínio. Mas, para isso, necessita destruir. (*A Gênese* – Cap. III – nº 24)

Comentários: Nestes exercícios de sobrevivência que o espírito aprende sobre a vida no mundo físico e conhece os aspectos da vida em sociedade. Na luta pela sobrevivência, os seres encarnados se superam ao se associarem e passam a viver em categorias espirituais mais elevadas à medida que consegue controlar seus instintos. Neste período, o espírito angaria experiências para se habilitar a entrar para a fase de humanidade.

Ao passar para esta nova fase evolutiva, humanidade, o espírito, recém-chegado não perderá seus instintos animais por se tornar humano, pois eles persistem por prolongado tempo ainda. Isso é importante, pois mesmo os seres humanos ainda são animais que precisam se defender de predadores, sejam eles predadores morais ou físicos. Mesmo que a sociedade humana tenha forças multiplicadas no que se refere à sobrevivência da espécie, os instintos persistem. No entanto, há uma maior influência de sua inteligência sobre os instintos e com isso o ser humano encontra os meios de dominar os mais fracos e impor-se orgulhosamente. Por isso surgiu a indústria animal, por exemplo, que satisfaz o desejo de ambição e de dominar.

Com isso o ser humano ainda destrói e destrói de modo mais danoso a si próprio e ao mundo físico em que vive.

93. Todavia, à medida que o senso moral ganha preponderância, a sensibilidade se desenvolve e a necessidade da destruição diminui até desaparecer, por tornar-se detestável: é quando o homem tem horror ao sangue. (*A Gênese* – Cap. III – nº 24)

Comentários: Esta fase em que estamos vivendo atualmente, fase de humanidade, em que a destruição está em momento de exacerbação, certamente terá fim, pois esta fase é passageira e perde forças à medida que o senso moral ganha forças. À proporção que o senso moral cresce na Humanidade, crescem o respeito pela Natureza e pelos seus seres, que têm tanto direito à vida quanto nós. Quando este sentimento de solidariedade com a Natureza se tornar unânime, a destruição de outros seres para se alimentar ou para outros fins se tornará odiosa.

94. (...) **é quando o homem tem horror ao sangue. Contudo, a luta é sempre necessária para o desenvolvimento do Espírito, porque, mesmo chegando a esse ponto, que nos parece culminante, está longe de ser perfeito. Somente à custa de sua atividade, ele conquista conhecimento, experiência e se despoja dos últimos vestígios da animalidade. No entanto, nessas circunstâncias, a luta, que já foi sanguinária e brutal, torna-se puramente intelectual. O homem luta contra as dificuldades e não mais contra seus semelhantes** (*A Gênese* – Cap. III – nº 24)

Comentários: Quando o ser humano perceber que ele próprio faz parte da Natureza, não mais a verá como uma subordinada da sua vontade primitiva de dominação. Com isso o respeito a todos os seres será grande o suficiente para que considere os outros seres da Natureza como semelhantes e não mais destruirá nem para se alimentar, nem para satisfazer o desejo de dominar, nem para satisfazer o seu orgulho, mas preservará a vida e terá horror a matar ou ser conivente com a morte premeditada de outros seres. A partir deste ponto, o ser humano deixará de ser o ser primitivo de outros tempos e terá horror até mesmo ao simples pensamento de ingestão de carne.

No entanto, o ser humano, que ainda terá necessidade de reencarnar, terá as dificuldades inerentes à sua evolução, mas não terá mais que lutar contra outros seres ou contra outros seres humanos como fazia nas fases primitivas de sua existência, como a que ainda hoje vivemos. A luta evolutiva será apenas intelectual e moral.

A Origem da Alma Animal (Discussão)

95. Segundo uns, o Espírito não chega ao período humano senão depois de se haver elaborado e individualizado nos diversos graus dos seres inferiores da Criação. Segundo outros, o Espírito do homem teria pertencido sempre à raça humana, sem passar pela fieira animal. O primeiro desses sistemas apresenta a vantagem de assinar um alvo ao futuro dos animais, que formariam então os primeiros elos da cadeia dos seres pensantes. (*O Livro dos Espíritos* – Cap. XI – nº 613)

Comentários: O Espírito de Verdade tenta explicar que – para os espíritos que poderiam se comunicar e deixar informações sobre o espírito dos homens e dos animais – existem opiniões divididas e conceitos diversos, entre eles mesmos, por desconhecerem todos os aspectos relativos ao assunto. Ainda de acordo com o Espírito de Verdade, alguns poderiam dizer que os seres humanos não são realmente uma criação à parte da Natureza e que efetivamente passaram por elaborações anteriores em reinos inferiores da criação.

Crer que os animais evoluem e se tornarão posteriormente espíritos superiores que atingirão o período de humanidade está mais de acordo com a bondade divina que dá aos espíritos animais uma compensação aos seus sofrimentos. Seriam, então, os primeiros elos da cadeia dos seres pensantes. No entanto, há outras opiniões que são mais de acordo com o orgulho humano. Por isso ele, o Espírito de Verdade, continua explicando que há outros espíritos, menos informados, que creem que os espíritos humanos são criados sem ter passado por fases evolutivas anteriores na animalidade.

96. O segundo [sistema] está mais de acordo com a dignidade do homem e pode resumir-se da maneira seguinte:

As diferentes espécies de animais não procedem *intelectualmente* umas das outras, mediante progressão. Assim, o espírito da ostra não se torna sucessivamente o do peixe, do pássaro, do quadrúpede e do quadrúmano.

Cada espécie constitui, física e moralmente, um tipo *absoluto*, cada um de cujos indivíduos haure na fonte universal a quantidade do princípio inteligente que lhe seja

necessário, de acordo com a perfeição de seus órgãos e com o trabalho que tenha de executar nos fenômenos da Natureza, quantidade que ele, por sua morte, restitui ao reservatório donde a tirou. **Os dos mundos mais adiantados que o nosso** (ver *O Livro dos Espíritos* – Cap. IV – nº 188) **constituem igualmente raças distintas, apropriadas às necessidades desses mundos e ao grau de adiantamento dos homens, cujos auxiliares eles são, mas de modo nenhum procedem das da Terra, espiritualmente falando.** (*O Livro dos Espíritos* – Cap. XI – nº 613)

Comentários: Segundo a opinião de alguns espíritos, equivocados, os animais não evoluem e não passam para estágios posteriores. A inteligência ou o espírito do animal seria estacionária, assim como a do homem, pois são criados assim e assim permanecerão eternamente, sem evolução alguma. É a ideia teosofista que permeia até mesmo entre alguns espíritos, que desconhecem os mecanismos evolutivos. Segundo estes, os seres de um mundo físico não poderiam reencarnar em outros mundos para continuarem sua evolução. Cada mundo teria sua população fixa sem que haja qualquer possibilidade de um espírito da Terra, por exemplo, de reencarnar noutro mundo mais evoluído. Assim não haveria mesmo a possibilidade de conseguir evoluir com novas experiências em outros mundos. Definitivamente nem os animais, nem os homens e nem o mundo evoluiria.

97. Outro tanto não se dá com o homem. Do ponto de vista físico, este forma evidentemente um elo da cadeia

dos seres vivos: porém, do ponto de vista moral, há, entre o animal e o homem, solução de continuidade. O homem possui, como propriedade sua, a alma ou Espírito, centelha divina que lhe confere o senso moral e um alcance intelectual de que carecem os animais e que é nele o ser principal, que preexiste e sobrevive ao corpo, conservando sua individualidade. (*O Livro dos Espíritos* – Cap. XI – nº 613)

Comentários: O Espírito de Verdade então dá o seu parecer e diz que: *Com o Homem isso não acontece, pois fisicamente os seus (nossos) corpos se assemelham aos dos animais, mas por termos uma noção maior do que seja a moral e a espiritualidade, somos diferenciados dos demais animais, que não compreendem o que seja isso. Somos espíritos com maior capacidade intelectual e moral, que os animais, pois somos capazes de entender que somos seres espirituais que sobrevivem ao corpo físico.*

98. Qual a origem do Espírito? Onde o seu ponto inicial? Forma-se do princípio inteligente individualizado? Tudo isso são mistérios que fora inútil querer devassar e sobre os quais, como dissemos, nada mais se pode fazer do que construir sistemas. O que é constante, o que ressalta do raciocínio e da experiência é a sobrevivência do Espírito, a conservação de sua individualidade após a morte, a progressividade de suas faculdades, seu estado feliz ou desgraçado de acordo com o seu adiantamento na senda do bem e todas as verdades morais decorrentes deste

princípio. Quanto às relações misteriosas que existem entre o homem e os animais, isso, repetimos, está nos segredos de Deus, como muitas outras coisas, cujo conhecimento atual nada importa ao nosso progresso e sobre as quais seria inútil determo-nos. (*O Livro dos Espíritos* – Cap. XI – nº 613)

Comentários: Mesmo o Espírito de Verdade não poderia dizer, talvez porque não estávamos preparados para saber os pormenores da origem do Espírito, verdadeiramente e nem sobre as relações que existem entre nós, os humanos e os animais nesta cadeia evolutiva. Apenas reafirmou os conceitos mais básicos de que somos seres eternos, que sobrevivemos ao corpo e que nossas faculdades evoluem ao longo de nossa existência.

Conclui-se, pelas palavras do Espírito de Verdade, neste enunciado, que o Espiritismo é uma doutrina em constante construção. Depois de alguns anos da publicação de *O Livro dos Espíritos*, foi publicada a obra A *Gênese*, que já trazia mais informações sobre a origem dos corpos e do Espírito. Quanto a novas informações, esperaremos, pois as informações estão chegando gradativamente. Tudo a seu tempo.

Origem dos Animais

99. Esse fluido penetra os corpos, como um imenso oceano. É nele que reside o princípio vital que dá origem à vida dos seres e a perpetua sobre cada mundo, segundo sua condição inicial, no estado latente, que dormita lá, onde a voz de um ser não o chama. Cada criatura mineral, vegetal, animal ou outra – visto que há muitos outros reinos naturais, de cuja existência não suspeitais – sabe, em virtude desse princípio vital universal, apropriar-se das condições de sua existência e de sua duração.

As moléculas do mineral têm certa quantidade dessa vida, tal como a semente e o embrião, e se agrupam como no organismo, em figuras simétricas que constituem o indivíduo. (*A Gênese* – Cap. VI – "A criação universal" – nº 8)

Comentários: Vivemos mergulhados no fluido cósmico universal como peixes em um oceano onde tais fluidos dão origem a outros derivados. Um destes é o fluido vital, que existe na Natureza e em todos os mundos físicos de modo latente à espera do momento certo para se manifestar em corpos físicos dando-lhes a vida, para que o espírito possa ser abrigado nele e se manifeste neste mundo físico. Existem infinitos mundos físicos onde os espíritos estagiam.

Os corpos físicos, próprios de cada mundo, possuirão características particulares e próprias para aquele mundo. Assim um corpo físico dos seres de um determinado mundo pode ter características estranhas a nós, pois em nosso mundo predomina o carbono e o nitrogênio, se nestes outros mundos predominarem outros compostos químicos diferentes daqueles encontrados aqui. Entretanto, o princípio vital está presente do mesmo modo neste ou em outros mundos para que a vida floresça e dê oportunidade aos espíritos reencarnarem e evoluírem.

Mesmo o mineral possui em si o princípio vital em estado latente ou manifestando-se discretamente organizando as estruturas simétricas dos seus elementos.

100. É muito importante nos compenetrarmos na noção de que a matéria cósmica primitiva estava revestida não apenas nas leis que garantem a estabilidade dos corpos celestes mas também no princípio vital universal que forma as gerações espontâneas em cada mundo, à medida que apresentem as condições da existência sucessiva dos seres, e quando soa a hora da aparição dos filhos da vida, durante o período criador.

Assim se faz a criação universal. É, pois, correto dizer que as operações da natureza, sendo a expressão da vontade divina, Deus sempre criou, cria incessantemente e nunca deixará de criar. (*A Gênese* – Cap. VI – "A criação universal" – nº 18)

Comentários: Antigamente existia a Teoria da Geração Espontânea em que seres como moscas, por exemplo, poderiam ser criadas a partir de matéria orgânica em decomposição. Esta teoria foi abandonada quando Francesco Redi e Louis Pasteur provaram que não existe a possibilidade de se criar vida deste modo.

No entanto, existe a geração espontânea a partir da vontade divina. Isso acontece porque Deus não pára nunca de criar e introduz nos mundos os germens da vida de acordo com a Sua vontade. Assim, usando o exemplo do nosso mundo primitivo, nos seus primórdios, no momento em que o princípio inteligente se encontrava em condições de se manifestar no mundo físico como ser orgânico, foi necessário introduzir algum corpo físico que abrigasse tal espírito primitivo. Estes primeiros corpos, extremamente simples, surgiram sem que houvesse existido algum antecessor. Isso seria a geração espontânea, que difere daquela tese do início do século XX.

Isso se repete a todo instante pelo Universo, pois a criação divina é incessante. Esta é a oportunidade que Deus dá ao espírito primitivo de iniciar sua evolução em outra fase superior e experimentar a vida orgânica.

101. O orgulho tem feito o homem dizer que todos os animais foram criados em sua intenção e para sua necessidade. Mas qual é o número dos que lhe servem diretamente, que tenha podido submeter, comparado ao número incalculável daqueles com os quais jamais tiveram, nem jamais terão, alguma relação? Como sustentar uma semelhante tese na presença dessas inumeráveis espécies que só povoaram a Terra milhares e milhares de séculos antes dele ter vindo e que já sumiram? Pode-se dizer que elas tenham sido criadas para seu proveito? Entretanto, essas espécies tiveram, todas, sua razão de ser, sua utilidade. (*A Gênese* – Cap. VII – nº 32)

Comentários: Se considerássemos uma hipótese ilustrativa de que o planeta Terra tivesse sido criado há um ano e considerássemos os séculos como segundos, perceberemos que a Terra necessitou de dez meses para preparar-se para a manifestação da primeira e mais primitiva forma de vida (a primeira geração espontânea neste mundo). Os primeiros vegetais surgiram há um mês e os primeiros animais surgiram há quinze dias. Há três dias os dinossauros desapareceram da face da Terra. Há dois dias surgiram os primeiros símios; ontem surgiram os primeiros seres humanos primitivos; há pouco mais de uma hora surge o primeiro ser humano de andar ereto; Jesus nasceu há quatro segundos e o Espiritismo há menos de meio segundo.

Como podemos perceber, os animais e os vegetais chegaram bem antes no planeta. Nós acabamos de chegar a poucos minutos. Como pensar que os animais somente existem para nos servir se eles já estavam aqui muito antes de nós? Como pensar que os animais existem somente por nossa causa se há animais que não tem qualquer utilidade a nós diretamente? Somente há o orgulho para explicar, pois está bastante claro que os animais não existem para nós, mas para alguma causa maior que nós: A evolução do espírito.

102. (...) Deus não as teria criado por capricho de sua vontade e por se dar ao prazer de aniquilá-las, porque todas tiveram a vida, instintos, o sentimento da dor e do bem-estar. Com qual objetivo as teria feito? Esse objetivo deve ser soberanamente sábio, e nós não o compreendamos ainda. Talvez um dia seja dado ao homem conhecê--lo, para confundir seu orgulho. Mas, enquanto aguarda, uma grande quantidade de ideias surge face a esses novos horizontes, nos quais lhe é permitido, agora, mergulhar seu olhar, e que desenrolam diante dele o espetáculo imponente de uma criação, tão majestosa em sua lentidão, tão admirável em sua previdência, tão pontual, tão precisa e tão invariável em seus resultados. (*A Gênese* – Cap. VII – "Período Terciário" – nº 32)

Comentários: Allan Kardec disse que o Espiritismo é uma doutrina inacabada e que existe para trazer ao ser humano uma maior consciência de si mesmo e de sua vida espiritual e futura. Na época em que *O Livro dos Espíritos* foi lançado, os seres humanos eram mais ignorantes e não tinham as ciências desenvolvidas a ponto de entenderem certos pontos que hoje são facilmente entendíveis. Se naquele momento as pessoas eram ignorantes e não entendiam o papel que desempenhavam no contesto do Universo, hoje têm maior conhecimento das coisas da Ciência e do Espírito.

Com as informações que já possuímos em relação a isso, sabemos que os animais não existem, como pregava René Descartes (1586-1650), quando eram considerados como simples objetos insensíveis, somente para nos servir. Darwin deixou a Teoria da Evolução das Espécies; o Espírito de Verdade nos levou as informações de que os animais são Espíritos em evolução que reencarnam para aprender com as adversidades e que os seres humanos são os Espíritos mais evoluídos responsáveis por sua própria evolução. Sabemos que os animais existem para abrigar os espíritos que necessitam evoluir, pois *na Natureza tudo se encadeia e tende a unidade.*

103. Indaga-se naturalmente porque não se formam mais seres vivos nas mesmas condições em que se formaram os primeiros que apareceram na Terra.

A questão da geração espontânea atualmente preocupa a Ciência, sem que haja um consenso quanto à sua solução, mas não deixa de lançar luz sobre esse assunto. O problema proposto é o seguinte: seres orgânicos formam-se espontaneamente, em nossos dias, pela simples reunião dos elementos que os constituem, sem embriões previamente produzidos, pelo modo habitual de germinação, ou seja, sem pais nem mães?

Os partidários da geração espontânea respondem afirmativamente e se apoiam em observações diretas que parecem conclusivas. Outros pensam que todos os seres vivos se reproduzem uns em decorrência dos outros e se baseiam no fato, constatado pela experiência, de que os germes de certas espécies vegetais e animais, mesmo dispersos, podem conservar uma vitalidade latente durante um tempo considerável, até que as circunstâncias sejam favoráveis à sua eclosão. Essa opinião deixa pendente a questão de como se formaram os primeiros tipos de cada espécie. (*A Gênese* – Cap X – "Geração espontânea" – nº 20)

Comentários: Como foi comentado anteriormente a geração espontânea foi imaginada pelos cientistas do passado que não sabiam resolver a questão do surgimento de larvas de moscas e moscas em material putrefeito. Francesco Redi e Louis Pasteur, colocando em um recipiente protegido por uma tela, demonstraram que as larvas não se formavam a partir de material em decomposição, mas apenas se desenvolviam ali porque as moscas punham seus ovos.

A teoria da geração espontânea foi então abandonada. Charles Darwin mostrou que novas espécies não surgem repentinamente, sim, a partir de espécies já existentes.

As novas espécies se formam lentamente quando, aos poucos, novas características surgem "ao acaso" e se somam a outras que apareceram anteriormente dentro daquela espécie. Depois de um longo tempo, as características somadas fazem com que aquele grupo de animais se diferencie tanto dos demais que se assemelhavam a ele, que determina que seja classificado como uma nova espécie. Mesmo no que se refere a algum tipo de reprodução chamada assexuada, não há aí a geração espontânea como queriam os antigos cientistas, pois um indivíduo surge a partir de outro.

Assim não surgem mais seres novos e diferentes de quaisquer outros seres que já existam na Terra porque simplesmente não há necessidade. Os espíritos ou princípios inteligentes que precisam estagiar em nosso mundo já encontram aqui as espécies nas quais precisarão estagiar. Não há necessidade de que surja uma nova espécie, que não tenha correlação com alguma outra, pois todas as espécies que importam para acolher os espíritos que para aqui venham, mesmo que sejam extremamente primitivos, encontram os corpos de que lhes sirvam.

104. Sem discutir os dois sistemas, convém destacar que o princípio da geração espontânea só pode, evidentemente, ser aplicado aos seres de ordem inferior do reino vegetal e do reino animal, naqueles em que a vida começa a despontar e cujo organismo, extremamente simples, está de alguma forma ainda rudimentar. Foram esses, efetivamente, os primeiros seres vivos que apareceram na Terra e dos quais a geração deve ter sido espontânea. Nesse caso, estaríamos assistindo a uma criação permanente, análoga a que ocorreu nos primórdios do mundo. (*A Gênese* – Cap X – "Geração espontânea" – nº 21)

Comentários: Como dissemos anteriormente, a geração espontânea não se faz necessária mais em nosso mundo, pois já dispomos de todos os requisitos para abrigar o princípio inteligente em qualquer que seja o seu grau de evolução, mesmo que seja extremamente primitivo.

105. Mas, então, por que não se formam, da mesma maneira, seres de uma organização complexa? É um fato real que esses seres não existiram sempre. Portanto, tiveram um começo. Se o musgo, o líquen, o zoófito, o infusório, os vermes intestinais e outros podem se produzir espontaneamente, por que não se dá o mesmo com as árvores, os peixes, os cães, os cavalos?

Aqui param, por enquanto, as investigações. O fio condutor se perde, e até que ele seja encontrado, o campo está aberto às hipóteses. Seria imprudente e prematuro apresentar esses sistemas como verdades absolutas. (*A Gênese* – Cap X – "Geração espontânea" – nº 22)

Comentários: Por este enunciado podemos perceber que nem tudo o que se lê na Codificação pode ainda ser levado em consideração e aceitar como verdade, pois naquela época não era sabido que não existia a geração espontânea, como os cientistas concebiam.

Quem ler este enunciado sem o cuidado de observar que tais teorias não se confirmaram poderá equivocar-se ao aceitar que realmente existe a possibilidade da geração espontânea entre liquens, musgos e vermes intestinais.

Allan Kardec não poderia saber que os vermes intestinais não surgiam por geração espontânea, mas chegavam até nós por simples falta de higiene. A Teoria da Evolução de Darwin era recente (não tinha mais do que oito anos, apenas, que foi lançada, quando *A Gênese* foi publicada) e supunham, antes de Darwin, que os seres surgiam prontos e não por evolução das espécies.

Os cientistas daquela época não poderiam supor que esporos microscópicos que flutuavam no ar, invisíveis a olho nu, eram responsáveis pela reprodução de seres que surgiam como se fosse espontaneamente, como era o caso dos liquens, musgos e seres que chamavam, por falta de outro termo apropriado de zoófitos.

Obviamente os representantes da espiritualidade conheciam os meios sobre como surgem as espécies e conheciam o fato da não existência de gerações espontâneas, mas nada disseram para que as pessoas descobrissem por si mesmas as teorias sobre a formação dos seres.

O homem no Reino Animal

106. Se o fato da geração espontânea está demonstrado, ainda que de forma limitada, não deixa de ser básico um marco que pode conduzir o olhar para novas observações. (*A Gênese* – Cap. X – "Geração espontânea" – nº 23)

Comentários: É bom salientar novamente que geração espontânea é uma teoria científica que foi derrubada por Francesco Redi e Louis Pasteur. Redi foi o primeiro a contestar a teoria da geração espontânea em meados do século XVII, mas somente no século XIX essa hipótese foi totalmente abandonada depois que Louis Pasteur formulou e provou a teoria da biogênese ou teoria que somente algo vivo pode dar origem a outra vida, ou que seres vivos dariam origem a outros seres vivos.

O homem corpóreo

107*. Do ponto de vista corpóreo e puramente anatômico, o homem pertence à classe dos mamíferos, dos quais unicamente difere por alguns matizes na forma exterior. Quanto ao mais, a mesma composição de todos os animais, os mesmos órgãos, as mesmas funções e os mesmos modos de nutrição, de respiração, de secreção, de reprodução. Ele nasce, vive e morre nas mesmas condições e, quando morre, seu corpo se decompõe, como tudo o que vive. Não há, em seu sangue, na sua carne, em seus ossos, um átomo diferente dos que se encontram no corpo dos animais. Como estes, ao morrer, restitui à terra o oxigênio, o hidrogênio, o azoto e o carbono que se haviam combinado para formá-lo; e esses elementos, por meio de novas combinações, vão formar outros corpos minerais, vegetais e animais. É tão grande a analogia que se estudam as suas funções orgânicas em certos animais, quando as experiências não podem ser feitas nele próprio. (*A Gênese* – Cap. X – "Geração espontânea" – n.º 26)

Comentários: Pouca gente se lembra de que os seres humanos são animais. Somos pertencentes ao grupo dos vertebrados mamíferos. Por isso, ainda somos seres instintivos, isto é, ainda temos fome, sono, frio, nos reprodu-

---

* Esse item é baseado na edição adulterada do livro "A Gênese. Os Milagres e as Predições segundo o Espiritismo". A editora Feal publicou a versão autêntica dessa obra em 2018. Conheça um pouco mais sobre as adulterações em https://espirito.org.br/artigos/artigo-especial-comemorativo-sobre-genese/ (N. do E.).

zimos sexuadamente, reagimos ao medo, entre outras demonstrações instintivas. Do ponto de vista orgânico, em quase nada nos diferenciamos de outros animais. No entanto, por causa destas pequenas diferenças é que não mais se deveriam usar animais em experimentos (além do fato de que não comportar mais em nossa evolução moral usarmos animais por respeitá-los).

108*. Na classe dos mamíferos, o homem pertence à ordem dos bímanos. Logo abaixo dele vêm os quadrúmanos (animais de quatro mãos) ou macacos alguns dos quais, como o orangotango, o chimpanzé, o jocó, têm certos ademanes do homem, a tal ponto que, por muito tempo, foram denominados: homens das florestas. Como o homem, esses macacos caminham eretos, usam cajados, constroem choças e levam à boca, com a mão, os alimentos: sinais característicos. (*A Gênese* – Cap. X – "Geração espontânea" – nº 27)

Comentários: Hoje se sabe, pelo projeto Genoma, que o DNA dos chimpanzés é 99% idêntico ao nosso. Portanto estes, assim como os gorilas, que possuem 98% de DNA idêntico ao nosso, são uma variedade de humanos. Cogita-se a retirada da classificação entre humanos, os homens de Neanderthal, que possuem menos semelhanças genéticas conosco do que os chimpanzés.

---

* Esse item é baseado na edição adulterada do livro "A Gênese. Os Milagres e as Predições segundo o Espiritismo". Na edição original esse item é o nº 26 (N. do E.).

109. Por pouco que se observe a escala dos seres vivos sob o ponto de vista do organismo, reconhece-se que, desde o líquen até as árvores e desde o zoófito até o homem, existe uma cadeia que se eleva, gradativamente, em solução de continuidade, e da qual todos os elos têm um ponto de contato com o elo precedente. Acompanhando passo a passo a série de seres, pode-se dizer que cada espécie é um aperfeiçoamento, uma transformação da espécie imediatamente inferior. Uma vez que o corpo do homem está, nas condições idênticas aos outros corpos, química e constitucionalmente, já que nasce, vive e morre da mesma maneira, ele deve ser formado nas mesmas condições. (*A Gênese* – Cap. X – "Geração espontânea" – nº 27)

Comentários: Quando *A Gênese* foi publicada fazia poucos anos que a Teoria da Evolução das Espécies veio a público mostrar que as espécies se ligam entre si por características físicas que indicam que houve alguma "evolução" em relação à outra espécie menos adaptada ao ambiente.

Supõem-se, do ponto de vista da Ciência, que os animais invertebrados originaram aos vertebrados primitivos e a partir destes os anfíbios, répteis que originaram-se as aves e mamíferos. Entre estes últimos estamos nós, os humanos e os animais domésticos, como os cães, bovinos, equinos e gatos.

110. Ainda que isso possa ferir seu orgulho, o homem deve se resignar a não ver em seu corpo material mais

que o último elo da animalidade sobre a Terra. O inexorável argumento dos fatos está aí, contra o qual será inútil protestar. (*A Gênese* – Cap. X – "Geração espontânea" – nº 28)

Comentários: Ainda que muitas pessoas contestem a nossa ligação com a animalidade, por simples orgulho, a Ciência mostra isso, assim como também mostra o Espiritismo. Incontestavelmente não somos seres criados à parte. Somos simplesmente vertebrados, mamíferos, dotados de instintos, além de uma inteligência mais elaborada, que a maioria dos outros animais (maioria, porque há cientistas que argumentam que não somos os seres mais inteligentes do planeta, perdendo posição para os golfinhos).

111. Mas, quanto mais o corpo diminui de valor a seus olhos, mais o princípio espiritual cresce em importância. Se o primeiro o nivela aos irracionais, o segundo o eleva a uma altura incomensurável. Vemos o círculo onde se detém o animal; não vemos o limite onde possa atingir o Espírito do homem. (*A Gênese* – Cap. X – "Geração espontânea" – nº 28)

Comentários: Como seres espirituais, nós fomos criados a partir de um determinado momento, evoluímos espiritualmente com auxílio de diversos corpos físicos animais e continuaremos a evoluir na condição humana a extremos que sequer temos ideia de onde se encontra o limite. Enquanto os nossos corpos exigem de nós atitudes instintivas, o espírito exige atitudes que nos elevem a alma. Este conflito de "interesses" entre corpo e espírito nos obriga a exercitar os interesses do espírito para que posteriormente não necessitemos mais de algum corpo tão denso quanto este que ainda usamos.

112*. O materialismo pode por aí ver que o Espiritismo, longe de temer as descobertas da Ciência e o seu positivismo, lhe vai ao encontro e os provoca, por possuir a certeza de que o princípio espiritual, que tem existência própria, em nada pode com elas sofrer. O Espiritismo marcha ao lado do materialismo, no campo da matéria; admite tudo o que o segundo admite; mas, avança para além do ponto onde este último para. O Espiritismo e o materialismo são como dois viajantes que caminham juntos, partindo de um mesmo ponto; chegados a certa distância, diz um: *"Não posso ir mais longe"*. **O outro prossegue e descobre um novo mundo.** (*A Gênese* – Cap. X – nº 30)

Comentários: A ciência basicamente é de cunho materialista. Por isso encontra dificuldade em provar as teses espirituais. No entanto, se completam até certo ponto, pois a ciência, no nível em que se encontra hoje em dia, não consegue explicar tudo. Einstein já dizia que somente Deus poderia explicar o que a ciência não pode. A partir

---

* Na edição original não consta o item nº 30. Os itens 112 e 113 são baseados na edição adulterada do livro "A Gênese. Os Milagres e as Predições segundo o Espiritismo". A editora Feal publicou a versão autêntica dessa obra em 2018. Conheça um pouco mais sobre as adulterações em https://espirito.org.br/artigos/artigo-especial-comemorativo-sobre-genese/ (N. do E.).

do ponto em que a ciência não encontra mais apoio de suas próprias bases, a ciência do espírito prossegue e continua a desvendar mistérios, que a ciência materialista somente conseguirá provar quando se afastar de teses exclusivamente materialistas.

113*. Por que, então, há de o primeiro dizer que o segundo é louco, somente porque, entrevendo novos horizontes, se decide a transpor os limites onde ao outro convém deter-se? Também Cristóvão Colombo não foi tachado de louco, porque acreditava na existência de um mundo, para lá do oceano? Quantos a História não conta desses loucos sublimes, que hão feito que a Humanidade avançasse e aos quais se tecem coroas, depois de se lhes haver atirado lama? Pois bem! O Espiritismo, a loucura do século dezenove, segundo os que se obstinam em permanecer na margem terrena, nos patenteia todo um mundo, mundo bem mais importante para o homem, do que a América, porquanto nem todos os homens vão à América, ao passo que todos, sem exceção de nenhum, vão ao dos Espíritos, fazendo incessantes travessias de um para o outro. Galgado o ponto em que nos achamos com relação à Gênese, o materialismo se detém, enquanto o Espiritismo prossegue em suas pesquisas no domínio da Gênese espiritual. (*A Gênese* – Cap. X – nº 30)

Comentários: Na Idade Média, a ciência era totalmente vinculada à Igreja, que cultivava a ignorância. Todas as descobertas científicas foram combatidas com o fogo da Inquisição, que reprimia os pensamentos. Durante seiscentos anos, a ciência se viu tolhida. Assim que teve a oportunidade de se desvincular da religião, o fez de modo traumático. A Inquisição deixou cicatrizes profundas na mente das pessoas, que ainda hoje são resistentes a voltarem a vincular a ciência e a religião.

No entanto, aos poucos, esta ferida está cicatrizando, e a ciência está novamente se voltando às coisas do espírito, com a vantagem da não – repressão. Aos poucos o vinculo vem se consolidando a ponto de a ciência atual reconhecer o valor terapêutico da prece e dos pensamentos positivos. Aos poucos, vem confirmando a existência do espírito e de sua imortalidade. É somente uma questão de tempo para que a ciência volte a se aliar às coisas do espírito e talvez consiga provar, até mesmo do ponto de vista físico, várias de suas teses.

A ciência já reconhece a existência de diversas dimensões do Universo; já estuda a existência do espírito; a reencarnação; o poder da mente e outras teses que há pouco tempo eram considerados tabus aos cientistas.

Há poucos anos não se poderia imaginar que os seres humanos voariam, ou se falariam a distância, enviando documentos por telefone; ou que iríamos para outros mundos. Há poucos anos não se poderia imaginar que a ciência chegaria a um nível tecnológico tão alto quanto o encontrado hoje.

Não estamos distantes de encontrar as provas de que ela precisa para confirmar diversas outras teses importantes veiculadas pelo Espiritismo.

114. Considerando apenas a matéria, e fazendo abstração do Espírito, o homem não tem nada que o distinga do animal. Mas tudo muda de aspecto quando se faz uma distinção entre a habitação e o habitante.

Um grande senhor, sob um barraco ou vestido com a bata de um camponês, não deixa de ser um grande senhor. É o mesmo com o homem: não é sua vestimenta carnal que o situa acima do bruto e faz dele um ser à parte, é seu ser espiritual, seu Espírito. (*A Gênese* – Cap. XI – nº 14)

Comentários: O orgulho de ser um humano não significa muita coisa se o espírito não se elevar acima dos instintos. Se não buscarmos nos melhorar como seres espirituais, nada nos diferenciará dos demais animais, pois não estamos tão acima deles. Não somos, como querem muitos, deuses, mas apenas seres que lutam para se diferenciar moralmente dos demais animais, pois não é o fato de encarnar em um corpo humano que o diferencia dos outros animais, mas a sua bagagem moral, adquirida ao longo das existências físicas anteriores, nas fases evolutivas pregressas.

Hipótese sobre a Origem do Corpo Humano

115. Da semelhança de formas exteriores que existe entre o corpo do homem e o de um macaco, alguns fisiologistas concluíram que o primeiro é apenas uma transformação do segundo. Nisso não há nada de impossível e, se for assim, não há razão para que o homem sinta sua dignidade afetada. Os corpos dos símios podem, muito bem, ter servido de vestimenta aos primitivos Espíritos humanos, necessariamente pouco avançados, que vieram encarnar na Terra, porque eram as mais apropriadas às suas necessidades e as mais adequadas ao exercício de suas faculdades que os corpos de qualquer outro animal. Em vez de uma veste especial que tenha sido feita para o Espírito, ele teria encontrado

uma pronta. Vestiu-se então com a pele do macaco, sem deixar de ser um Espírito humano, como o homem se reveste por vezes da pele de certos animais sem deixar de ser homem.

Fique bem entendido que aqui só se trata de uma hipótese que de nenhuma maneira se enuncia como princípio, mas que é apenas apresentada para mostrar que a origem do corpo não prejudica o Espírito, que é o ser principal, e que a semelhança do corpo do homem com o do macaco não implica na paridade entre seu Espírito e o dele. (*A Gênese* – Cap. XI – "Hipótese sobre a origem do corpo humano" – nº 15)

Comentários: Este enunciado deixa claro que o espírito de seres humanos passa por fases em que ocupa corpos primitivos para evoluir a posições mais elevadas do ponto de vista espiritual. Antes de entrar para a fase humana mais adiantada, o espírito passa por fases intermediárias em corpos menos complexos, como os dos símios, por exemplo, que são praticamente considerados humanos, em função da semelhança de DNA.

De fato nada há para ferir o nosso orgulho saber que já estivemos em estágios mais primitivos de nossa evolução. A teoria da evolução de Darwin diz que os corpos mais adequados vão se formando a partir de corpos já existentes de acordo com a necessidade evolutiva.

Claro que o Espírito de Verdade conhecia a tese de Darwin e sabia dos mecanismos envolvidos na evolução das espécies, mas não podia se adiantar à Ciência da época e até para não contraditá-la em alguns aspectos.

116. Admitida essa hipótese, pode dizer-se que, sob a influência e por efeito da atividade intelectual do seu novo habitante, o envoltório se modificou, embelezou-se nas particularidades, conservando a forma geral do conjunto. Melhorados, os corpos, pela procriação, se reproduziram nas mesmas condições, como sucede com as árvores de enxerto.

Deram origem a uma espécie nova, que pouco a pouco se afastou do tipo primitivo, à proporção que o Espírito progrediu. O Espírito macaco, que não foi aniquilado, continuou a procriar, para seu uso, corpos de macaco, do mesmo modo que o fruto da árvore silvestre reproduz árvores dessa espécie, e o Espírito humano procriou corpos de homem, variantes do primeiro molde em que ele se meteu. O tronco se bifurcou: produziu um ramo, que por sua vez se tornou tronco.

Como em a Natureza não há transições bruscas, é provável que os primeiros homens aparecidos na Terra pouco diferissem do macaco pela forma exterior e não muito também pela inteligência. Em nossos dias ainda há selvagens que, pelo comprimento dos braços e dos pés e pela conformação da cabeça, têm tanta parecença com o macaco, que só lhes falta ser peludos, para se tornar completa a semelhante. (*A Gênese* – Cap. XI – "Encarnação dos espíritos" – nº 16)

Comentários: À medida que o espírito evolui, se faz necessário que receba, depois de muitas reencarnações, um corpo melhorado, mais condizente com as suas necessidades, pois, tendo evoluído, como espírito de maior potencial, é necessário que receba um corpo de uma espécie mais adiantada também. Foi dito em *O Livro dos Espíritos*, que tudo se encadeia lentamente na Natureza, isto é, as mudanças são graduais e lentas para que não ocorram mudanças bruscas na transição de uma espécie à outra de corpos físicos. Nesta transição, a espiritualidade aproveita os genes já existentes nos corpos que já existem neste mundo para modificá-los e torna possível o surgimento de uma nova característica física necessária ao Espírito que evoluiu e que precisa de um corpo melhorado.

Os Espíritos fazem uma seleção genética que possibilite o surgimento de um corpo mais eficiente e mais condizente com o que exige o espírito mais evoluído. Por isso é mais provável que corpos humanos tenham surgido a partir de genes de símios do que de outras espécies, pois são mais semelhantes.

117. Considerando a humanidade no menor grau da escala intelectual, entre os selvagens mais atrasados, cabe perguntar se esse é o ponto de partida da alma humana.

Conforme a opinião de alguns filósofos espiritualistas, o princípio inteligente, distinto do princípio material, se individualiza, se elabora, passando pelos diversos graus da animalidade. (*A Gênese* – Cap. XI – "Encarnação dos espíritos" – nº 23)

Comentários: Este enunciado de *A Gênese* mostra que o espírito humano estagiou em fases primitivas da evolução e se tornou gradativamente apto a estagiar em fases mais adiantadas conforme foi adquirindo conhecimento e experiência pata tanto. Ao longo de sua evolução, o espírito primitivo se destacou dos demsais espíritos primitivos, individualizando-se, não como se não fosse um indivíduo anteriormente, mas como um indivíduo que se mostrou mais preparado que os demais para avançar na escalada evolutiva. Convém lembrar que cada Espírito é criado simples e ignorante, mas é desde o início um indivíduo, isto é, um Espírito único.

Não existem espíritos coletivos, como já comentamos, pois assim como o espírito é indivisível, ele também não se soma com nenhum outro. Individualizar-se, neste contexto, se refere a tornar-se mais maduro.

118. É aí que a alma se ensaia para a vida e desenvolve, pelo exercício, suas primeiras faculdades. Seria, por assim dizer, seu período de incubação. Chegando ao grau de desenvolvimento que essa fase comporta, ela recebe as faculdades especiais que constituem a alma humana. (*A Gênese* – Cap. XI – "Encarnação dos espíritos" – nº 23)

Comentários: O Espírito de Verdade explica que todo espírito, ao passar por fases primitivas da evolução, no mundo físico, pratica sua inteligência e outras faculdades ligadas a ela para se tornar merecedor de um corpo mais evoluído e entrar para a fase de humanidade. Depois de praticar muito, na fase de animalidade, o espírito poderá, então, reencarnar em um corpo humano e passará a fazer parte de outra fase evolutiva, a fase humana. Mas lembre-se:

Este espírito que acabou de chegar à fase humana, depois de passar pela fase de animalidade, ainda é o mesmo espírito que viveu naquelas fases anteriores. O que o diferencia dos espíritos que ainda permanecem naquela outra fase é o seu corpo bem mais elaborado e sua experiência de vida, que é maior do que a daqueles.

119. Haveria, assim, filiação espiritual, como há corporal. Esse sistema, baseado sobre a grande lei de unidade que preside a criação, corresponde, é preciso convir, à justiça e à bondade do Criador. Dá uma saída, um alvo, um destino aos animais, que não seriam mais seres deserdados, mas encontrariam no futuro que lhes está reservado uma compensação a seus sofrimentos. (*A Gênese* – Cap. XI – "Encarnação dos espíritos" – nº 23)

Comentários: Sabemos. Existem inúmeros detratores das ideias de que os Espíritos evoluem passando pela fase de animalidade, antes de entrarem para a fase de humanidade. Simplesmente não aceitam a ideia de um vínculo entre os animais e o homem, ou uma "filiação". Dizem que na doutrina nada existe que confirme a vinculação entre homens e animais e que um não tem a ver com outro.

Este enunciado é muito claro e derruba qualquer barreira preconceituosa dos adeptos da doutrina espírita, que não crêem que os animais tenham alma e que evoluem para a fase humana.

Neste enunciado, o Espírito de Verdade nos mostra a verdadeira finalidade dos animais entre nós e da compensação pelos sofrimentos que passam por nossa causa, pois eles não *formam uma categoria de seres deserdados,* que simplesmente existem para nos servir.

120. O que constitui o homem espiritual não é sua origem, mas os atributos especiais dos quais está dotado quando entra na humanidade; atributos que o transformam e fazem dele um ser distinto, como o fruto saboroso é distinto da raiz amarga de onde saiu. Por ter passado pela fieira da animalidade, o homem não seria menos homem; não seria animal, como o fruto não é raiz, ou o sábio não é o disforme feto, pelo qual veio ao mundo.

Mas esse sistema levanta numerosas questões, cujos prós e contras não é oportuno discutir aqui nem examinar as diferentes hipóteses feitas sobre esse assunto. Sem procurar a origem da alma e as etapas pelas quais tenha passado, vamos considerá-la ao entrar na humanidade, ponto em que está dotada do senso moral e do livre-arbítrio e começa a exercer responsabilidade por seus atos. (*A Gênese* – Cap. XI – "Encarnação dos espíritos" – nº 23)

Comentários: Este enunciado é claro e fala por si, mas o mais importante, na verdade, não é saber que o ser humano é um espírito que passou pelas fieiras da animalidade, mas o que ele representa como um ser que possui, em função de seu aprendizado naquelas fases anteriores. Para chegarmos aonde chegamos, como seres humanos, lutamos para nos superar e nos distinguir da animalidade inferior. Em vez de fechar os olhos para a verdade do Espírito, por orgulho ferido, melhor seria abri-los para enxergar o longo caminho que resta à frente em cujo trajeto, há outros espíritos, que ainda vivem naquelas fases primitivas anteriores à nossa, à espera de nossa experiência a orientá-los para o mesmo caminho evolutivo que o nosso.

Animais e a
Mediunidade

121. Parece, de resto, positivamente provado que há animais que veem espíritos e por eles são impressionados; disso temos narrado vários exemplos, na Revista, entre outros o do Espírito e o pequeno cão, no número de junho de 1860. (*Revista Espírita*, de maio de 1865)

Comentários: Na *Revista Espírita,* de Kardec, há relatos de animais que puderam ver Espíritos, demonstrando que esta capacidade é comum aos homens e aos animais.

122. Desde que não se tenha nenhum meio de controlar as visões ou aparições, pode-se, sem dúvida, colocá-las na conta das alucinações; mas quando são confirmadas pelos acontecimentos, não poderíamos atribuí-las à imaginação. Tais são, por exemplo, as aparições no momento

da morte, em sonho ou em estado de vigília, de pessoas em quem não pensamos e que, por diversos sinais, revelam as circunstâncias inesperadas de seu falecimento. Já se viu, muitas vezes, cavalos empinarem e se recusarem a andar diante de aparições que assustavam aqueles que os conduziam. Se a imaginação é alguma coisa entre os homens, certamente nada é para os animais. Além disso, se as imagens que se veem em sonho, fossem sempre um efeito das preocupações da vigília, nada explicaria o fato, tão frequente, de nunca sonharmos com as coisas em que mais pensamos.** (*O Livro dos Médiuns* – Cap. VI – Das manifestações visuais – Nota após o item nº 100 [15ª])

Comentários: Aqui percebemos que os animais possuem uma habilidade natural para perceber espíritos, isto é, para os animais a vidência de espíritos é uma constante.

123. Poderiam os Espíritos apresentar-se sob a forma de animais?
R: "Isso pode dar-se; mas somente Espíritos muito inferiores tomam essas aparências. Em caso algum, porém, será mais do que uma aparência momentânea. Fora absurdo acreditar-se que um qualquer animal verdadeiro pudesse ser a encarnação de um Espírito. Os animais são sempre animais e nada mais do que isto". (*O Livro dos Médiuns* – Cap. VI – Das manifestações visuais – nº 100 [30ª])

Comentários: Sabemos que Espíritos podem plasmar para si qualquer forma que queiram de acordo com sua vontade. Poderiam adquirir forma de algum animal, se o quiserem, mas nenhum Espírito envolvido em algum trabalho sério se predisporá a tanto, por diversão ou por qualquer outro motivo. Somente espíritos endurecidos adquirem formas animalescas.

Como a reencarnação de um Espírito humano em um corpo de animal não acontece, não se pode dizer, ao mantermos contato com algum animal com que nos afirmamos, que seja a encarnação de algum Espírito humano de um parente ou amigo, por exemplo. O espírito humano somente reencarna em corpo humano, assim como um Espírito que estagia em uma fase animal não possui, ainda, condições de se encarnar em um corpo de humano.

A última expressão parece enfática para reafirmar que animais e homens pertencem a categorias evolutivas diferentes, mas não confunda: Animais são sempre animais no que se refere aos corpos, mas não ao espírito, pois este, como vimos anteriormente, se tornará apto a ingressar na fase humana.

124. Somente a superstição pode fazer crer que certos animais são animados por Espíritos. É preciso uma imaginação muito complacente, ou muito impressionada para ver qualquer coisa de sobrenatural nas circunstâncias um pouco extravagantes em que eles algumas vezes se apresentam.

O medo faz que amiúde se veja o que não existe. Mas, não só no medo tem sua origem essa ideia. Conhecemos uma senhora, muito inteligente, aliás, que consagrava desmedida afeição a um gato preto, porque acreditava ser ele de natureza sobreanimal. Entretanto, essa senhora jamais ouvira falar do Espiritismo.

Se o houvesse conhecido, ele lhe teria feito compreender o ridículo da causa de sua predileção pelo animal, provando-lhe a impossibilidade de tal metamorfose. (*O Livro dos Médiuns* – Cap. VI – Manifestações visuais – Nota após o item nº 100 [30ª])

Comentários: Aqui devemos perceber que o Espírito de Verdade não quer fazer entender que os animais não tenham alma, mas que não poderiam ser animados por algum espírito que, em vida anterior, tenha animado um corpo humano. É óbvio que os animais possuem alma, ou seja, são espíritos encarnados. Mas são espíritos que não poderiam estagiar na fase humana, por estarem atrasados em relação a esta fase do mesmo modo que um espírito humano não poderá novamente passar pela fase de animalidade. Seria como se um universitário quisesse voltar ao primário. Qual seria a utilidade disso?

125. Podem os animais ser médiuns? Muitas vezes tem sido formulada esta pergunta, à qual parece que alguns fatos respondem afirmativamente. O que, sobretudo, tem autorizado a opinião dos que pensam assim são os notáveis sinais de inteligência de alguns pássaros que, educados, parecem adivinhar o pensamento e tiram de um maço de cartas as que podem responder com exatidão a uma pergunta feita.

Observamos com especial atenção tais experiências e o que mais admiramos foi a arte que houve de ser empregada para a instrução dos ditos pássaros. Incontestavelmente, não se lhes pode recusar uma certa dose de inteligência relativa, mas preciso se torna convir em que, nesta circunstância, a perspicácia deles ultrapassaria de muito a do homem, pois ninguém há que possa lisonjear-se de fazer o que eles fazem.

Fora mesmo necessário supor-lhes, para algumas experiências, um dom de segunda vista superior ao dos sonâmbulos mais lúcidos. (*O Livro dos Médiuns* – Cap. XXII – Da mediunidade nos animais – nº 234)

Comentários: Os animais possuem uma percepção aguçada da espiritualidade, pois esta percepção tem algo a ver com sua preservação. Eles possuem capacidades que nos surpreende, pois muitos não supunham tais aspectos mentais aos animais. Recentemente o cientista britânico Rupert Sheldrake comprovou que os animais são telepatas, isto é, eles são capazes de captar pensamentos de outros animais e pessoas. Eles são capazes de se antecipar acontecimentos futuros como o ocorrido na Ásia em 2004, quando a região foi atingida por ondas gigantes.

Nenhum animal morreu, pois já tinham fugido da área de perigo bem antes. Eles possuem outras capacidades mentais, que lhes atribui a inteligência.

126. Sabe-se, com efeito, que a lucidez é essencialmente variável e sujeita a frequentes intermitências, ao passo que

nesses animais seria permanente e funcionaria com uma regularidade e precisão que em nenhum sonâmbulo se vêem. Numa palavra: ela nunca lhes faltaria. Na sua maior parte, as experiências que presenciamos são da Natureza das que fazem os prestidigitadores e não podiam deixar-nos em dúvida sobre o emprego de alguns dos meios de que usam estes, notadamente o das cartas forçadas.

A arte da prestidigitação consiste em dissimular esses meios, sem o que o efeito não teria graça. Todavia, o fenômeno, mesmo reduzido a estas proporções, não se apresenta menos interessante e há sempre que admirar o talento do instrutor, tanto quanto a inteligência do aluno, pois que a dificuldade a vencer é bem maior do que seria se o pássaro agisse apenas em virtude de suas próprias faculdades.

Ora, levá-lo a fazer coisas que excedem o limite do possível para a inteligência humana é provar, por este simples fato, o emprego de um processo secreto. Aliás, há uma circunstância que jamais deixa de verificar-se: a de que os pássaros só chegam a tal grau de habilidade, ao cabo de certo tempo e mediante cuidados especiais e perseverantes, o que não seria necessário, se apenas a inteligência deles estivesse em jogo.

Não é mais extraordinário educá-los para tirar cartas, do que os habituar a repetir árias, ou palavras. O mesmo se verificou, quando a prestidigitação pretendeu imitar a segunda vista. Obrigava-se o paciente a ir ao extremo, para que a ilusão durasse longo tempo.

Desde a primeira vez que assistimos a uma sessão deste gênero, nada mais vimos do que muito imperfeita *imitação do sonambulismo, revelando ignorância das condições essenciais dessa faculdade.* (*O Livro dos Médiuns* – Cap. XXII – Da mediunidade nos animais – nº 234)

Comentários: Entre os animais é inegável que haja a capacidade de vidência, ou de premonição, por exemplo, como já foi pela Ciência e pela literatura espírita. No entanto, há também os embusteiros que tentam ludibriar a fé. É preciso identificar e diferenciar umas das outras.

**127. Como quer que seja, no tocante às experiências de que anteriormente falamos não menos integrais permanece, de outro ponto de vista, a questão principal, por isso que, assim como a imitação do sonambulismo não obsta a que a faculdade exista, também a imitação da mediunidade por meio dos pássaros nada prova contra a possibilidade da existência, neles, ou em outros animais, de uma faculdade análoga. Trata-se, pois, de saber se os animais são aptos, como os homens, a servir de intermediários aos Espíritos, para suas comunicações inteligentes.
Muito lógico parece mesmo se suponha que um ser vivo, dotado de certa dose de inteligência, seja mais apto, para esse efeito, do que um corpo inerte, sem vitalidade, qual, por exemplo, uma mesa. É, entretanto, o que não se dá.** (*O Livro dos Médiuns* – Cap. XXII – Da mediunidade nos animais – nº 235)

Comentários: Há pessoas que se confundem ao situar as mesas girantes, atribuindo a objetos a mediunidade.

Mediunidade é a capacidade de um ser inteligente, de intermediar alguma comunicação entre algum ser desencarnado e outro encarnado. Um objeto não poderia ser intermediário. Quando muito um instrumento. No entanto, o fato de haver embusteiros que tentam fazer parecer que as aves poderiam ser médiuns, nada há provado de que não possam sê-los. Por isso é mais plausível que um animal seja médium do que um objeto sem vida.

128. A questão da mediunidade dos animais se acha completamente resolvida na dissertação seguinte, feita por um Espírito cuja profundeza e sagacidade os leitores hão podido apreciar nas citações, que temos tido ocasião de fazer, de instruções suas. Para bem se apreender o valor da sua demonstração, essencial é que se tenha em vista a explicação por ele dada do papel do médium nas comunicações, explicação que anteriormente reproduzimos.

Esta comunicação deu-a ele em seguida a uma discussão, que se travara, sobre o assunto, na Sociedade Parisiense de Estudos Espíritas: "Explanarei hoje a questão da mediunidade dos animais, levantada e sustentada por um dos vossos mais fervorosos adeptos. Pretende ele, em virtude deste axioma: Quem pode o mais pode o menos, que podemos 'mediunizar' os pássaros e os outros animais e servir-nos deles nas nossas comunicações com a espécie humana. E o que chamais, em filosofia, ou, antes, em lógica, pura e simplesmente um sofisma.

Podeis animar, diz ele, a matéria inerte, isto é, uma mesa, uma cadeira, um piano; *a fortiori,* **deveis poder animar a matéria já animada e particularmente pássaros.** (*O Livro dos Médiuns* – Cap. XXII – Da mediunidade nos animais – nº 236)

Comentários: O Espírito de Erasto foi chamado à reunião da Sociedade Parisiense de Estudos Espíritas para dar explicações sobre a mediunidade nos animais, que foi o assunto levantado por um dos membros.

Este membro da Sociedade acreditava que era possível que um animal, sendo um ser vivo, fosse mediunizado e servisse de intermediário das comunicações espíritas. Erasto repetiu as palavras do membro da Sociedade para iniciar suas explicações.

129. Pois bem! No estado normal do Espiritismo, não é assim, não pode ser assim. Primeiramente, entendamo-nos bem acerca dos fatos. Que é um médium? E o ser, é o indivíduo que serve de traço de união aos Espíritos, para que estes possam comunicar-se facilmente com os homens: Espíritos encarnados. Por conseguinte, sem médium, não há comunicações tangíveis, mentais, escritas, físicas, de qualquer natureza que seja. (*O Livro dos Médiuns* – Cap. XXII – Da mediunidade nos animais – nº 236)

Comentários: Erasto tenta explicar que, nas comunicações de espíritos humanos, o intermediário deveria ser outro espírito humano, encarnado. Mas repare que ele disse que médium é um ser que serve de traço de união aos espíritos. Ele não afirmou que obrigatoriamente deveria ser um ser humano.

130. Há um princípio que, estou certo, todos os espíritas admitem, é que os semelhantes atuam com seus semelhantes e como seus semelhantes. Ora, quais são os semelhantes dos Espíritos, senão os Espíritos, encarnados ou não? Será preciso que vo-lo repitamos incessantemente? Pois bem! Repeti-lo-ei ainda: o vosso perispírito e o nosso procedem do mesmo meio, são de natureza idêntica, são, numa palavra, semelhantes. Possuem uma propriedade de assimilação mais ou menos desenvolvida, de magnetização mais ou menos vigorosa, que nos permite a nós, Espíritos desencarnados e encarnados, pormo-nos muito pronta e facilmente em comunicação. Enfim, o que é peculiar aos médiuns, o que é da essência mesma da individualidade deles, é uma afinidade especial e, ao mesmo tempo, uma força de expansão particular, que lhes suprimem toda refratariedade e estabelecem, entre eles e nós, uma espécie de corrente, uma espécie de fusão, que nos facilita as comunicações. E, em suma, essa refratariedade da matéria que se opõe ao desenvolvimento da mediunidade, na maior parte dos que não são médiuns. (*O Livro dos Médiuns* – Cap. XXII – Da mediunidade nos animais – nº 236)

Comentários: Erasto afirma que para um médium conseguir se ligar mentalmente ao espírito (neste caso ele se refere a Espírito humano especificamente) que deseja se comunicar com os encarnados deve haver uma similaridade de sintonias vibratórias entre um e outro, o que facilita o trabalho de comunicação.

131. Dizem: os Espíritos "mediunizam" a matéria inerte e fazem que se movam cadeiras, mesas, pianos. Fazem que se movam, sim, "mediunizam", não! porquanto, mais uma vez o digo, sem médium, nenhum desses fenômenos pode produzir-se. Que há de extraordinário em que, com o auxílio de um ou de muitos médiuns, façamos se mova a matéria inerte, passiva, que, precisamente em virtude da sua passividade, da sua inércia, é apropriada a executar os movimentos e as impulsões que lhe queiramos imprimir? Para isso, precisamos de médiuns, é positivo; mas, não é necessário que o médium esteja presente, ou seja consciente, pois que podemos atuar com os elementos que ele nos fornece, a seu mau grado e ausente, sobretudo para produzir os fatos de tangibilidade e o de transportes.

O nosso envoltório fluídico, mais imponderável e mais sutil do que o mais sutil e o mais imponderável dos vossos gases, com uma propriedade de expansão e de penetrabilidade inapreciável para os vossos sentidos grosseiros e quase inexplicável para vós, unindo-se, casando-se, combinando-se com o envoltório fluídico, porém animalizado, do médium, nos permite imprimir movimento a móveis quaisquer e até quebrá-los em aposentos desabitados. (*O Livro dos Médiuns* – Cap. XXII – Da mediunidade nos animais – nº 236)

Comentários: Está claro que médiuns somente podem ser seres encarnados e não objetos. Os objetos que serviam aos espíritos no início das manifestações generalizadas pelos espíritos daquela época somente podiam ser usados por serem sujeitos à ação dos fluidos (ectoplasma) de médiuns, estejam eles próximos ou distantes. Provavelmente Erasto não quis confundir os leitores da época, pois o conceito que se tinha a respeito dos animais era de que eles, os animais, eram objetos e, portanto, não passíveis de ser médiuns.

132. É certo que os Espíritos podem tornar-se visíveis e tangíveis aos animais e, muitas vezes, o terror súbito que eles denotam, sem que lhe percebais a causa, é determinada pela visão de um ou de muitos Espíritos, mal-intencionados com relação aos indivíduos presentes, ou com relação aos donos dos animais. Ainda com mais frequência vês cavalos que se negam a avançar ou a recuar, ou que empinam diante de um obstáculo imaginário. Pois bem! Tende como certo que o obstáculo imaginário é quase sempre um Espírito ou um grupo de Espíritos que se comprazem em impedi-los de mover-se. Lembrai-vos da mula de Balaão que, vendo um anjo diante de si e temendo-lhe a espada flamejante, se obstinava em não dar um passo. E que, antes de se manifestar visivelmente a Balaão, o anjo quisera tornar-se visível somente para o animal. Mas, repito, não mediunizamos diretamente nem os animais, nem a

matéria inerte. (*O Livro dos Médiuns* – Cap. XXII – Da mediunidade nos animais – nº 236)

Comentários: Os animais são capazes de enxergar a outra dimensão, ou a dimensão espiritual, corriqueiramente. Uma pessoa nos contou que, com sua vidência, notou um espírito, que espantava algumas galinhas próximas delas. Se as galinhas não tivessem uma vidência natural não se espantariam com aquela presença espiritual. Mas o fato de um animal poder ver o que acontece na dimensão espiritual não o habilita a ser médium, pois o médium deve ser capaz de transmitir ao ser humano encarnado o que ele estaria intermediando. Se o animal consegue ver, mas não consegue "dizer" o que vê, então, a vidência não servirá como mediunidade.

133. É-nos sempre necessário o concurso consciente, ou inconsciente, de um médium humano, porque precisamos da união de fluidos similares, o que não achamos nem nos animais, nem na matéria bruta. (*O Livro dos Médiuns* – **Cap. XXII – Da mediunidade nos animais – nº 236)**

Comentários: Existem várias formas de mediunidade. A vidência, por exemplo, não necessita de uma interação energética direta do médium com o espírito. No entanto, no caso de manifestações físicas, a necessidade desta interação é necessária. Para tanto, sim, é necessário que haja uma similaridade de energias, que somente existiria entre humanos e não entre humanos e animais.

134. Sabeis que tomamos ao cérebro do médium os elementos necessários a dar ao nosso pensamento uma forma que vos seja sensível e apreensível; é com o auxílio dos materiais que possui, que o médium traduz o nosso pensamento em linguagem vulgar. Ora bem! que elementos encontraríamos no cérebro de um animal? Tem ele ali palavras, números, letras, sinais quaisquer, semelhantes aos que existem no homem, mesmo o menos inteligente? Entretanto, direis, os animais compreendem o pensamento do homem, adivinham--no até. Sim, os animais educados compreendem certos pensamentos, mas já os vistes alguma vez reproduzi--los? Não. Deveis então concluir que os animais não nos podem servir de intérpretes. (*O Livro dos Médiuns* Cap. XXII – Da mediunidade nos animais – nº 236)

Comentários: É certo que os animais podem perceber as coisas da dimensão espiritual, mas apresentem dificuldade em transmiti-los aos encarnados por simples dificuldade de comunicação. Quem poderia entender o que o cão viu da dimensão espiritual se não os entendemos? Há algumas pessoas que conseguem captar os seus pensamentos, mas ainda é pouco que podem ter este tipo de comunicação com os animais.

Há animais que conhecem palavras e símbolos, mas não podem falar ou escrever para nos transmitir os pensamentos do espírito comunicante. Mas aos animais que podem reproduzir a voz humana como os periquitos e papagaios, como vimos, isso é possível.

135. Resumindo: os fatos mediúnicos não podem dar-se sem o concurso consciente, ou inconsciente, dos médiuns; e somente entre os encarnados, Espíritos como nós, podemos encontrar os que nos sirvam de médiuns. Quanto a educar cães, pássaros, ou outros animais, para fazerem tais ou tais exercícios, é trabalho vosso e não nosso. (*O Livro dos Médiuns* – Cap. XXII – Da mediunidade nos animais – nº 236)

Comentários: Os Espíritos escolhem os médiuns que lhes sirvam para as comunicações e o médium deve conceder a comunicação, consciente ou inconscientemente.

Mas Allan Kardec pareceu não concordar totalmente com a impossibilidade de os animais não serem intermediários de comunicações espirituais: *Como quer que seja, no tocante às experiências de que anteriormente falamos, não menos integral permanece, de outro ponto de vista, a questão principal, por isso que, assim como a imitação do sonambulismo não obsta a que a faculdade exista, também a imitação da mediunidade por meio dos pássaros nada prova contra a possibilidade da existência, neles, ou em outros animais, de uma faculdade análoga... Muito lógico parece mesmo se suponha que um ser vivo, dotado de certa dose de inteligência, seja mais apto, para esse efeito, do que um corpo inerte, sem vitalidade* (...) (*O Livro dos Médiuns* – Cap. XXII – Da mediunidade nos animais – nº 235)

136. Na *Revista Espírita*, de setembro de 1861, encontra-se, minudenciado, um processo empregado

pelos educadores de pássaros sábios, com o fim de fazê-los tirar de um maço de cartas as que se queiram.
(*Revista Espírita*, 1861. Setembro – "Carta do sr. Mathieu sobre a mediunidade dos pássaros")

Passes em Animais

137. O Sr. T..., diz-se, magnetizou o seu cão. A que resultado chegou? Matou-o, porquanto o infeliz animal morreu, depois de haver caído numa espécie de atonia, de langor, consequentes à sua magnetização. Com efeito, saturando-o de um fluido haurido numa essência superior à essência especial da sua Natureza de cão, ele o esmagou, agindo sobre o animal à semelhança do raio, ainda que mais lentamente. Assim, pois, como não há assimilação possível entre o nosso perispírito e o envoltório fluídico dos animais, propriamente ditos, aniquila-los-íamos instantaneamente, se os mediunizássemos. (*O Livro dos Médiuns* – Cap. XXII – Da mediunidade nos animais – nº 236)

Comentários: Kardec disse que, quando o Espiritismo estiver em contradição com a Ciência em algum ponto, deveríamos ficar com Ciência. Por isso pretendemos, a despeito das palavras de Erasto, com a Ciência, que diz que um animal pode ser médium. Konstantin Raudive, cientista que se destacou no estudo das transcomunicações instrumentais, foi chamado a estudar um caso de mediunidade animal, citado na obra *Fenômenos espíritas no mundo animal*, de Carlos Bernardo Loureiro.

O casal Damarós que vivia em Rheinback, na Alemanha, tinha um periquito que entrava em transe e perdia contato com o mundo exterior. Mesmo que se lhe fosse aplicada alguma forma de provocar dor, ele não demonstrava qualquer demonstração disso enquanto permanecia neste transe.

Nestes momentos, o periquito falava em idiomas desconhecidos dos Damarós e ainda dava notícias da filha desencarnada do casal. Depois da desencarnação do periquito, o casal adquiriu outra ave, que também começou a se manifestar do mesmo modo. Os animais possuem a capacidade de premonição, como já descrito por Cairbar Schutell que conta a respeito de uma gata que previu o bombardeio da casa de sua dona, a senhora Woodhouse.

Citando o senhor T., Erasto tentou nos mostrar que as energias nossas são diferentes da dos animais, impedindo esta interação energética útil à intermediação. Mas percebemos que há meios que ainda não conhecemos para que haja esta interação sem prejuízo aos animais ou à qualidade da comunicação.

Psiquismo nos Animais

138. Isto posto, reconheço perfeitamente que há nos animais aptidões diversas; que certos sentimentos, certas paixões, idênticas às paixões e aos sentimentos humanos, se desenvolvem neles; que são sensíveis e reconhecidos, vingativos e odientos, conforme se procede bem ou mal com eles.

É que Deus, que nada fez incompleto, deu aos animais, companheiros ou servidores do homem, qualidades de sociabilidade, que faltam inteiramente aos animais selvagens, habitantes das solidões. Mas, daí a poderem servir de intermediários para a transmissão do pensamento dos Espíritos, há um abismo: a diferença das naturezas. (*O Livro dos Médiuns* – Cap. XXII – Da mediunidade nos animais – nº 236)

Comentários: Recentemente o cientista Rupert Sheldrake publicou seus estudos sobre telepatia entre os animais e entre eles e nós. O cientista britânico cita cães, gatos e aves neste contexto, que provavelmente se estende a todas as outras espécies animais, demonstrando que os animais são capazes de captar nossos pensamentos e interpretá-los. Se eles, os animais, são capazes de captar pensamentos de humanos encarnados, nada os impedirá de captar pensamentos de desencarnados, que possuem maior clareza mental por estarem livres da matéria.

Animais no Mundo Espiritual

139. Pela mesma razão, se se evocar um mito, ou uma personagem alegórica, ela responderá, isto é, responderão por ela, e o Espírito que, como sendo ela, se apresentar, lhe tomará o caráter e as maneiras. Alguém teve um dia a ideia de evocar Tartufo e Tartufo veio logo. Mais ainda: falou de Orgon, de Elmira, de Dâmide e de Valéria, de quem deu notícias. Quanto a si próprio, imitou o hipócrita com tanta arte, que se diria o próprio Tartufo, se este houvera existido. Disse mais tarde ser o Espírito de um ator que desempenhara esse papel.

Os Espíritos levianos se aproveitam sempre da inexperiência dos interrogantes; guardam-se, porém, de dirigir-se aos que eles sabem bastante esclarecidos para lhes descobrir as imposturas e que não lhes dariam crédito aos contos. O mesmo sucede entre os homens.

Um senhor tinha em seu jardim um ninho de pintassilgos, pelos quais se interessava muito. Certo dia desapareceu o ninho. Tendo-se certificado de que ninguém da sua casa era culpado do delito, como fosse ele médium, teve a ideia de evocar a mãe das avezinhas. Ela veio e lhe disse em muito bom francês: "A ninguém acuses e tranquiliza-te quanto à sorte de meus filhinhos; foi o gato que, saltando, derribou o ninho; encontra-lo-ás debaixo dos arbustos, assim como os passarinhos, que não foram comidos".

Feita a verificação, reconheceu ele exato o que lhe fora dito. Dever-se-á concluir ter sido o pássaro quem respondeu? Certamente que não; mas, apenas, um Espírito que conhecia a história. Isso prova quanto se deve desconfiar das aparências e quanto é preciosa a resposta acima: evoca um rochedo e ele te responderá. (*O Livro dos Médiuns* – Cap. XXV – Evocações – nº 283 [nota em 36ª a])

Comentários: No capítulo sobre evocações em *O Livro dos Médiuns* encontramos: "*38ª – Pode evocar-se o Espírito de uma pessoa viva? – 'Pode-se, visto que se pode evocar um Espírito encarnado'*". É possível evocar um espírito encarnado. O médium que tentou evocar a mãe das avezinhas certamente acreditava que poderia ocorrer o mesmo com os animais encarnados e, ao evocá-la, acreditava que poderia obter informações que amenizassem suas preocupações. Provavelmente não foi o próprio espírito da ave que se manifestou, mas a preocupação com o paradeiro e saúde dos animais fez se manifestar um espírito humano que se passou pelo espírito da ave, para auxiliar no encontro das aves, que poderiam estar correndo algum perigo. Assim, não se manifestou o espírito da ave, mas o espírito de alguém preocupado com a integridade deles, que aproveitando a fé do médium, conseguiu resgatar as aves.

140. Pode evocar-se o Espírito de um animal?
R: "Depois da morte do animal, o princípio inteligente que nele havia se acha em estado latente e é logo utilizado, por certos Espíritos incumbidos disso, para animar novos seres, nos quais continua ela a obra de sua elaboração. Assim, no Mundo dos Espíritos, não há, errantes, Espíritos de animais, porém unicamente Espíritos humanos". (*O Livro dos Médiuns* – Cap. XXV – Evocações – n º 283)

Comentários: Este enunciado é o que mais suscita maiores confusões aos estudiosos do Espiritismo, que creem estar diante da prova de que os animais não têm alma ou de que não há animais no mundo espiritual, pois creem que eles, os espíritos animais, se tiverem alma, ao desencarnarem, reencarnam automaticamente.

Quando o Espírito de Verdade diz que *no mundo dos Espíritos, não há, errantes, Espíritos de animais, porém unicamente Espíritos humanos*, significa que não há animais errantes de animais no mundo espiritual, mas isso não quer dizer que não haja animais na erraticidade.

Veja o que diz o Espírito de Verdade sobre o mesmo assunto em *O Livro dos Espíritos* – Cap. XI – Os três reinos – nº 600: *Sobrevivendo ao corpo em que habitou, a alma do animal vem a achar-se, depois da morte,* **num estado de erraticidade, como a do homem?** *Fica numa espécie de erraticidade, pois que não mais se acha unida ao corpo, mas não é um Espírito errante.*

A palavra "*errante*" significa aquele que vagueia; que anda sem destino e "*erraticidade*" significa o período que há entre o momento em que o espírito se liberta do corpo de forma definitiva, ou seja, desencarna, e o momento em que este espírito volta a se ligar a outro corpo físico, isto é, reencarna. Portanto, a alma do animal, ao desencarnar, fica na erraticidade, isto é, no mundo espiritual, à espera da reencarnação, mas não é um espírito errante, isto é, não vagueia por aquela dimensão.

Há muitos relatos que dizem respeito a animais desencarnados que se manifestam aos seus antigos donos logo depois da desencarnação. Estes relatos espontâneos parecem ser contraditórios aos enunciados espíritas, mas não há restrições aos espíritos animais se deslocarem na dimensão espiritual em companhia de outros espíritos humanos.

141. Como é então que, tendo evocado animais, algumas pessoas hão obtido resposta?
R: "Evoca um rochedo e ele te responderá. Há sempre uma multidão de Espíritos prontos a tomar a palavra, sob qualquer pretexto". (*O Livro dos Médiuns* – 2ª parte – Cap. XXV – Evocações – nº 283 [36ª a])

Comentários: Este é outro enunciado que alguns usam como prova da não existência de animais no mundo espiritual. No entanto, os fatos de animais não poderem ser evocados, por não terem esta liberdade, não significa que não existam espíritos de animais no mundo espiritual. Pelo fato de haver espíritos brincalhões que se passem por espíritos de animais e respondam a questões, não significa que eles, os espíritos animais, não estejam naquela dimensão. O Espírito de Verdade disse na questão 597 em *O Livro dos Espíritos*: *Pois que os animais possuem uma inteligência que lhes faculta certa liberdade de ação, haverá neles algum princípio independente da matéria? – "Há e que sobrevive ao corpo"*.

Cientistas como Ernesto Bozzanno e Gabriel Dellanne presenciaram materializações de animais, nas quais alguns foram fotografados, em reuniões sérias de cunho científico.

Amor pelos Animais

142. O amor é de essência divina e todos vós, do primeiro ao último, tendes, no fundo do coração, a centelha desse fogo sagrado. E fato, que já haveis podido comprovar muitas vezes, este: o homem, por mais abjeto, vil e criminoso que seja, vota a um ente ou a um objeto qualquer viva e ardente afeição, à prova de tudo quanto tendesse a diminuí-la e que alcança, não raro, sublimes proporções.

A um ente ou um objeto qualquer, disse eu, porque há entre vós indivíduos que, com o coração a transbordar de amor, despendem tesouros desse sentimento com animais, plantas e, até, com coisas materiais: espécies de misantropos que, a se queixarem da Humanidade em geral e a resistirem ao pendor natural de suas almas, que buscam em torno de si a afeição e a simpatia, rebaixam a lei de amor à condição de instinto. (*O Evangelho segundo o Espiritismo* – Cap. XI – Lei de Amor – nº 9)

Comentários: Este enunciado é frequentemente usado por pessoas que criticam aquelas que se identificam com os animais no sentido de vê-los como seres que merecem atenção e respeito.

Mas, como foi dito, todos temos dentro de nós a manifestação divina, que é o amor. Todos nós podemos amar, mesmo que sejamos espíritos ainda atrasados ou adiantados moralmente.

No entanto, cada qual tem sua própria história de vida. Uns retiram das experiências de vida as impressões positivas, enquanto outros veem nela somente os aspectos negativos.

Com isso podem se tornar pessoas desconfiadas, inseguras e instáveis socialmente, preferindo o isolamento a se exporem a novas experiências, que poderiam ser novamente traumáticas no convívio com outras pessoas. Assim, estas pessoas procuram a companhia de animais que são invariavelmente sinceros. Isso não significa que quem se aproxime de animais seja alguém que socialmente perturbado. Muitas vezes os animais são, até mesmo, uma forma de relacionamento com outras pessoas.

Livre-arbítrio dos Animais

143. Gozam de livre-arbítrio os animais, para a prática dos seus atos? Os animais não são simples máquinas, como supondes. Contudo, a liberdade de ação, de que desfrutam, é limitada pelas suas necessidades e não se pode comparar à do homem. Sendo muitíssimo inferiores a este, não têm os mesmos deveres que ele. As liberdades possuem-na restritas aos atos da vida material. (*O Livro dos Espíritos* – Cap. XI – nº 595)

Comentários: Desde o século XVI, o conceito que se tinha sobre os animais era de que eles não possuíam alma e que eram apenas objetos sujeitos às nossas vontades e às nossos desejos. Para as pessoas da época de Kardec, que não conheciam outro conceito, exceto este, os tinham como máquinas, que segundo René Descartes não sentiam dores e nem sabiam de sua existência neste mundo onde vivem apenas para nos servir. No entanto, o Espírito de Verdade veio trazer este novo conceito. Pode parecer que considerar que animais sejam apenas objetos sem sentimentos ou inteligência ou alma seja decorrência de uma mentalidade antiga e que isso não se cogite hoje em dia. Mas por incrível que possa parecer este conceito ainda viceja entre as pessoas e, pior ainda, entre os estudiosos do Espiritismo.

Muitos acham incrível que os animais possam ter livre-arbítrio e atribuem a esta ideia apenas arte de nossa imaginação. O Espírito de Verdade explica que o livre-arbítrio sempre existiu no meio animal, de acordo com o seu grau de evolução e em função de suas necessidades de sobrevivência.

Todos os seres possuem liberdade de escolha de acordo com o seu grau de evolução. Até mesmo conosco isso acontece, pois a nossa liberdade de escolha está de acordo como o que conhecemos. Entre os animais, a liberdade de escolha existe desde as fases mais primitivas de sua existência.

Desde um protozoário, ou uma célula até os animais superiores, há liberdade de escolha, mas sempre limitado a suas necessidades. Por isso um inseto pode escolher entre se alimentar de um determinado alimento ou outro. Uma presa pode escolher entre fugir ou se esconder. O predador pode escolher entre fazer um ataque furtivo ou aberto. Isso é livre-arbítrio.

Como suas escolhas não interferem com a evolução dos outros seres e também por não expiarem, os animais não respondem, como os seres humanos, por uma escolha mal feita.

Deus Animal

144. Nos mundos superiores, os animais conhecem a Deus? Não. Para eles o homem é um deus, como outrora os Espíritos eram deuses para o homem. (*O Livro dos Espíritos* – Cap. XI – nº 603)

Comentários: Se nós que estamos em um estágio evolutivo mais adiantado que os animais não conhecemos a Deus, eles que estão em etapa anterior têm menores condições, ou nenhuma condição de conhecê-Lo.

Nós somos os espíritos mais evoluídos que os animais podem ter contato. Nós somos os representantes mais elevados da criação que eles conhecem e, por falta de algum parâmetro, somos os seus espíritos superiores, que os auxiliam na escalada evolutiva. Estamos, ainda, para eles como estão os nossos mentores para nós. Evidentemente, o Espírito de Verdade não quis dizer que poderíamos ser comparados a Deus, que é infinitamente bom e justo, pois estamos muito longe disso.

145. Pois que os animais, mesmo os aperfeiçoados, existentes nos mundos superiores, são sempre inferiores ao homem, segue-se que Deus criou seres intelectuais perpetuamente destinados à inferioridade, o que parece em desacordo com a unidade de vistas e de progresso que todas as suas obras revelam.
R: "Tudo na Natureza se encadeia por elos que ainda não podeis apreender. Assim, as coisas aparentemente mais díspares têm pontos de contato que o homem, no seu estado atual, nunca chegará a compreender. Por um esforço da inteligência poderá entrevê-los; mas, somente quando essa inteligência estiver no máximo grau de desenvolvimento e liberta dos preconceitos do orgulho e da ignorância, logrará ver claro na obra de Deus. Até lá, suas muito restritas ideias lhe farão observar as coisas por um mesquinho e acanhado prisma. Sabei não ser possível que Deus se contradiga e que, na Natureza, tudo se harmoniza mediante leis gerais, que por nenhum de seus pontos deixam de corresponder à sublime sabedoria do Criador". (*O Livro dos Espíritos* – Cap. XI – nº 604)

Comentários: Quem evolui é o Espírito e não o corpo. O espírito animal evoluirá e ocupará corpos de humanos, mas os corpos sempre serão modelos fixos de manifestação do Espírito, fixos. Muitas pessoas ainda hoje se confundem com este assunto, ao fazer esta observação, que o Espírito de Verdade não esclareceu, por falta de condições de se fazer entender. Não havia ainda métodos científicos ou informações científicas, naquela época, que facilitassem um entendimento maior deste assunto. Hoje em dia não somente temos diversos parâmetros científicos, mas possuímos também outras informações complementares vindas da própria espiritualidade para nos fazer compreender melhor o que significa dizer que o espírito animal é sempre inferior ao espírito do homem.

A teoria de evolução das espécies era tese nova naquele tempo e não havia noções de genética, pois era uma Ciência inexistente ainda. Não se tinha ideia de que novas espécies se sucediam umas às outras ininterruptamente até que os habitantes atinjam um determinado patamar evolutivo que não exija mais novas reencarnações.

No entanto, sempre haverá Espíritos em condições inferiores aos espíritos humanos, pois a criação divina é incessante. Por isso, o Espírito de Verdade disse que na Natureza tudo se encadeia por elos que a Humanidade não compreenderiam ainda.

Hoje em dia temos condições de entender o assunto que o Espírito de Verdade evitou se aprofundar, pois temos os parâmetros que não existiam para as pessoas de 155 anos atrás, e isso poderia ser até mesmo algo elogioso para nós, pois mostra que estamos nos libertando do orgulho e da ignorância.

SER À PARTE!

146. Ter-se-ão enganados os Espíritos que disseram constituir o homem um ser à parte na ordem da criação?
R: Não, mas a questão não fora desenvolvida. Ademais, há coisas que só a seu tempo podem ser esclarecidas. O homem é, com efeito, um ser à parte, visto possuir faculdades que o distinguem de todos os outros e ter outro destino. A espécie humana é a que Deus escolheu para a encarnação do seres que podem conhecê-lo. (*O Livro dos Espíritos* – Cap. XI – nº 610)

Comentários: Este enunciado exige um certo cuidado para não cairmos no orgulho, pois poderá parecer que somos realmente criações independentes do resto do Universo. Isso levaria algumas pessoas a extremarem seus orgulhos. O ser humano, como espírito encarnado, é o mesmo Espírito que viveu entre os primitivos seres do universo e elaborou-se no trabalho da evolução e conseguiu se distinguir dos demais seres que se encontram nas fases anteriores, pois o espírito humano consegue distinguir com mais facilidade o certo e o errado e o bem e o mal, além de compreender que existe algo além do mundo físico, isto é, consegue perceber que há algo maior que a Natureza e maior que o Universo, que é Deus. Esta percepção não há nos animais. Isto nos diferencia deles, mas isso somente foi adquirido ao longo de trabalhoso trajeto de nosso espírito entre milhões de reencarnações em seres primitivos. Por sermos os únicos a passar para a fase de humanidade e sermos os únicos representantes, ao menos neste mundo, do reino hominal, então podemos nos considerar como seres à parte neste sentido.

À medida que o Espírito primitivo vai se adquirindo maior entendimento, ele se torna mais elaborado e exige corpos cada vez mais complexos a fim de expor o potencial máximo de si. O ser que vive no corpo de um animal, ao atingir um certo grau de perfeição, recebe em próxima reencarnação um corpo mais adequado ao seu novo nível de evolução. Ao evoluir mais, ele poderá reencarnar em outra espécie, ou outro corpo mais adequado do que o anterior. Isso se sucede repetidas vezes até que atinja a fase de humanidade, em que receberá corpos humanos, que são próprios à nossa manifestação máxima, como seres espirituais, porque é o modelo corporal físico mais adequado a este nosso grau evolutivo.

Retrogradação da Alma

147. O terem os seres vivos uma origem comum no princípio inteligente não é a consagração da doutrina da metempsicose?
R: Duas coisas podem ter uma mesma origem e absolutamente não se assemelharem mais tarde. Quem reconheceria a árvore, suas folhas, suas flores e seus frutos no germe informe contido na semente de onde saíram? No momento em que o princípio inteligente atinge o grau necessário para ser Espírito e entrar no período de Humanidade, não há mais relação com seu estado primitivo e não é mais a alma dos animais, como a árvore não é a semente. No homem, há somente de animal o corpo, as paixões que nascem da influência do corpo e o instinto de conservação inerente à matéria. Não se pode dizer, portanto, que tal homem é a encarnação do Espírito de tal animal; logo, a metempsicose, tal como a entendem, não é exata. (*O Livro dos Espíritos* – Cap. XI – nº 611)

148. Poderia encarnar num animal o Espírito que animou o corpo de um homem?

R: Isso seria retrogradar e o Espírito não retrograda. O rio não remonta à sua nascente. (*O Livro dos Espíritos* – Cap. XI – nº 612)

Comentários: A reencarnação de um espírito humano em um corpo de animal é crença comum no Oriente, onde creem que, por castigo, um ser humano pode reencarnar nesta condição inferior para expiar erros que cometeu. No entanto, este conceito de reencarnação de espíritos superiores em reinos primitivos não é confirmado pelo Espiritismo.

Allan Kardec pergunta ao Espírito de Verdade, em nossas palavras: *Tendo os espíritos de todos os seres vivos a mesma origem do ser humano, e tendo o homem resquícios de sua fase primitiva, não poderia ser isso a confirmação de que poderíamos reencarnar como animais ou vegetais novamente e retrogradar na escala evolutiva?*

O Espírito de Verdade responde que, pelo fato de termos vividos na fase primitiva dos seres inferiores, não significa que haja necessidade de voltar àquelas fases. Seria como um professor universitário que cometesse um delito qualquer fosse obrigado a deixar de ser professor para assistir às aulas entre as crianças do pré-primário. Qual seria a utilidade disso, já que o professor sabe de tudo o que uma criança em tenra idade poderia saber? Seria perda de tempo precioso de evolução. Isso então não acontece.

Este professor já não sendo mais criança, apesar de já ter sido algum dia, não guarda mais em si as características da criança que já foi, pois amadureceu. Ele não é mais uma criança, mas nada impede que ele jogue bola com os amigos ou videogame com o filho pequeno e se divirta com isso como uma criança, mesmo não sendo mais uma. Assim, o ser humano não estão mais na fase animal, mas, sim, hominal; no entanto, ainda guarda algumas vontades animais de suas fases passadas, mesmo não sendo mais um.

Até mesmo os corpos animais não são mais compatíveis com o nosso estágio mais adiantado que dos animais. Adequar nosso espírito a um corpo primitivo demandaria muito trabalho para pouco aproveitamento. De que adiantaria um adulto tentar vestir uma roupa que usava quando era uma criança, se as roupinhas nem servem mais?

149. Embora de todo errônea, a ideia ligada à metempsicose não terá resultado do sentimento intuitivo que o homem possui de suas diferentes existências? Nessa, como em muitas outras crenças, se depara esse sentimento intuitivo. O homem, porém, o desnaturou, como costuma fazer com a maioria de suas ideias intuitivas. (*O Livro dos Espíritos* – Cap. XI – nº 613)

Comentários: Em outras palavras, embora não sendo uma ideia real, a metempsicose, ou seja, a ideia de que o ser humano possa reencarnar em um corpo de algum ser inferior como animal ou vegetal, não seria consequente aos resquícios que o ser humano ainda possui de suas vidas anteriores nas fases primitivas da Natureza?

A resposta, em outras palavras, do Espírito de Verdade: Nesta como em outras crenças, o homem encontra sensações semelhantes às que sentia, quando era um ser inferior da criação, pois ainda possui instintos. Porém, os seres humanos em suas crenças, que não se baseiam na realidade, deturpam-na e a transformam naquilo que sua imaginação quer crer.

Assim criamos realidades falsas para satisfazer nossas imaginações.

150. Seria verdadeira a metempsicose, se indicasse a progressão da alma, passando de um estado a outro superior, onde adquirisse desenvolvimentos que lhe transformassem a Natureza. É, porém, falsa no sentido de transmigração direta da alma do animal para o homem e reciprocamente, o que implicaria a ideia de uma retrogradação, ou de fusão. (*O Livro dos Espíritos* – Cap. XI – nº 613)

Comentários: Transmigração é semelhante a dizer que seja possível ocorrer a migração de um espírito que habita um determinado corpo a outro corpo, no qual já há um Espírito que o habita, havendo uma fusão de dois espíritos. Isso não acontece. Os Espíritos são individualidades eternas, e isso não muda no decorrer de qualquer fase que seja da sua evolução.

Se o espírito de um animal pudesse abandonar o corpo que habita para se transmigrar para um corpo humano, que já está ocupado por um espírito humano, eles, segundo a tese da metempsicose, se fundiriam em um só espírito. Isso não ocorre. Do mesmo modo que o espírito de um ser humano não pode abandonar o seu corpo para ocupar o corpo de um animal, como não poderia nem mesmo que recebesse um corpo novo recém-nascido, que não seja ocupado por nenhum espírito ainda, também não seria algo real, pois isso seria retrogradar, ou seja, isso seria voltar atrás na evolução.

151. Ora, o fato de não poder semelhante fusão operar--se, entre os seres corporais das duas espécies, mostra que estas são de graus inassimiláveis, devendo dar-se o mesmo com relação aos Espíritos que as animam. Se um mesmo Espírito as pudesse animar alternativamente, haveria, como consequência, uma identidade de natureza, traduzindo-se pela possibilidade da reprodução material. (*O Livro dos Espíritos* – Cap. XI – nº 613)

Comentários: Assim como os corpos físicos de diferentes espécies não podem se unir para reprodução, os Espíritos de mais elevado grau de evolução não podem se encarnar em um corpo compatível com Espíritos de menor evolução.

**152. A reencarnação, como os Espíritos a ensinam, se funda, ao contrário, na marcha ascendente da Natureza e na progressão do homem, dentro da sua própria espécie, o que em nada lhe diminui a dignidade. O que o rebaixa é o mau uso que ele faz das faculdades que Deus lhe outorgou para que progrida. Seja como for, a ancianidade e a universalidade da doutrina da metempsicose e, bem assim, a circunstância de a terem professado homens eminentes provam que o princípio da reencarnação se radica na própria Natureza. Antes, pois, constituem argumentos a seu favor, que contrários a esse princípio. (*O Livro dos Espíritos* – Cap. XI – nº 613)

Comentários: Em outras palavras, a reencarnação, do homem, ocorre dentro de uma mesma espécie, isto é, dentro da espécie humana e não animal. Pois a reencarnação dentro da própria espécie visa à progressão e evolução do espírito. O que diminui o ser humano diante a si mesmo é o mau uso de sua inteligência, que deveria ser usada para o progresso. Seja como for a antiga ideia de que almas humanas podem reencarnar em corpos de animais ou vegetais, como diz a crença oriental, mostra que, na verdade, a crença básica reside na crença da reencarnação, que é uma crença natural, ainda que esteja deturpada. Crer na metempsicose, afinal, é o mesmo que crer na reencarnação, sem o saberem.

153. O ponto inicial do Espírito é uma dessas questões que se prendem à origem das coisas e de que Deus guarda o segredo. Dado não é ao homem conhecê-las de modo absoluto, nada mais lhe sendo possível a tal respeito do que fazer suposições, criar sistemas mais ou menos prováveis. Os próprios Espíritos longes estão de tudo saberem e, acerca do que não sabem, também podem ter opiniões

pessoais mais ou menos sensatas. É assim, por exemplo, que nem todos pensam da mesma forma quanto às relações existentes entre o homem e os animais. (*O Livro dos Espíritos* – Cap. XI – nº 613)

Comentários: Este enunciado é muito importante, pois mostra que nem todos os espíritos que deixaram as mensagens que compõem a Codificação estão de acordo em alguns tópicos, porque alguns deles também os desconhecem em sua totalidade. Isso é perfeitamente compreensível, já que são espíritos de pessoas que viveram entre nós e nem todos eram espíritos extremamente superiores a nós que trouxeram as informações contidas na Codificação. Isso pode ser bem percebido em uma entrevista com o espírito de Charlet, publicado na *Revista Espírita* de 1858, em que o espírito traz informações a respeito dos animais no mundo espiritual. Charlet se contradisse várias vezes, mas, secundado por espíritos superiores, se corrigiu.

Progressão do Espírito e seus Corpos Físicos

154. Dessas observações judiciosas, resulta que a forma dos corpos se modifica num sentido determinado, e segundo uma lei, à medida que o ser moral se desenvolveu; que a forma exterior está em relação constante com o instinto e os apetites do ser moral (...) (*Obras Póstumas* – Teoria da Beleza)

Comentários: Esta obra foi publicada bem depois de *O Livro dos Espíritos*. Trata-se de *Obras Póstumas,* que trouxe mais informações quanto à evolução. Kardec afirma que o espírito à medida que adquire maior bagagem moral, resultante de seu crescimento espiritual, receberá corpos condizentes com a sua nova condição mais elevada, em reencarnações sucessivas. Os corpos grosseiros, relativos à nossa vida encarnada primitiva são, gradativamente, substituídos por corpos cada vez mais sutis, conforme nosso avanço moral nos afaste das paixões instintivas.

155. (...) Que, quanto mais seus instintos se aproximam da animalidade, mais a forma também se aproxima. Enfim, que à medida que os instintos materiais se purificam e dão lugar aos sentimentos morais, o invólucro exterior, que não está mais destinado à satisfação de necessidades grosseiras, se reveste de formas cada vez menos pesadas, mais delicadas, em harmonia com a elevação e a delicadeza dos pensamentos. (*Obras Póstumas* – Teoria da Beleza)

Comentários: Quanto mais primitivo for o espírito, mais grosseiro é o seu instrumento de manifestação física, ou seja, o seu corpo. À medida que o espírito se torna mais puro, ou mais livre das suas imperfeições, ou à medida que adquire mais conceitos morais, os corpos a que têm direito para evoluir no mundo físico, serão sempre cada vez mais leves, pois os objetivos destes deixam de ser a simples satisfação instintiva, mas passa a ser um verdadeiro instrumento de evolução moral. Os corpos grosseiros de antigamente deixam de ter a função de proteção para tornarem-se a expressão de sua elevação moral e de seus pensamentos de bem, de caridade e de relação positiva com seu próximo.

156. Assim, a perfeição da forma é a consequência da perfeição do Espírito: de onde se pode concluir que o

ideal da forma deve ser a que sonham os Espíritos, em estado de pureza, a que sonham os poetas e os verdadeiros artistas, porque penetram, pelo pensamento, nos mundos superiores. (*Obras Póstumas* – Teoria da Beleza)

Comentários: Quanto maior a perfeição do espírito, mais seu corpo é, também, perfeito. Kardec afirma que os artistas e poetas, que são pessoas que possuem pensamentos e sentimentos mais elevados, são dotados de corpos mais sutis do que aquele homem rústico, que usa seu corpo mais do que sua mente ou seus sentimentos.

157. Do que precede se pode concluir que a beleza real consiste na forma que mais se distancia da animalidade, e reflete melhor a superioridade intelectual e moral do Espírito, que é o ser principal. O moral influindo sobre o físico, que apropria às suas necessidades físicas e morais, segue-se: 1º que o tipo da beleza consiste na forma mais própria à expressão das mais altas qualidades morais e intelectuais; 2º que, à medida que o homem se eleva moralmente, seu envoltório se aproxima do ideal da beleza, que é a beleza angélica. (*Obras Póstumas* – Teoria da Beleza)

Comentários: À medida que o espírito se depura e se torna mais um ser moral do que animal, o corpo que mais lhe será adequado constituirá em corpo mais leve, sutil e belo. Portanto, a beleza física está diretamente relacionada a seu crescimento moral (provavelmente esta comparação deve ser feita em relação a corpos de seres mais rústicos da antiguidade e com seres que ainda se encontram em fase de animalidade). O Espírito, tendo mais influência sobre as formas físicas, determina maior possibilidade de receber corpos de maior beleza física à medida que os pensamentos e sentimentos se tornam mais elevados. Tal capacidade de elevação espiritual vai a ponto de se possuir uma beleza transcendental ao encontrar-se, como espírito, no nível angelical.

158. Descendo na escala criada, cada tipo animal dá lugar às mesmas observações, e a ferocidade, a astúcia, a inveja mesmo, poderão dar nascimento a belezas especiais, se o princípio que determina a forma está sem cruzamento. (*Obras Póstumas* – Teoria da Beleza)

Comentários: A possibilidade de crescer espiritualmente e receber corpos melhorados a cada reencarnação não acontecem somente no reino hominal. No reino animal, isso também acontece à medida que o espírito primitivo de um animal adquire mais noção e consciência de si mesmo e se torna mais depurado em relação aos instintos. A beleza física de um animal não tem a mesma conotação de beleza que se encontra em corpos humanos, mas ainda assim a sua beleza, especial, é algo notável e relacionada à aquele conceito de evolução.

159. A pluralidade das existências, segundo o Espiritismo, difere essencialmente da metempsicose, no sentido

de que não admite a encarnação da alma nos animais, mesmo como punição. Os Espíritos ensinam que a alma não retrograda, mas que progride sem cessar. (*O que é Espiritismo?* – Cap. I – "Terceiro diálogo: O padre")

Comentários: O conceito de que almas de seres humanos poderiam se reencarnar em corpos de animais ou outros seres de categorias inferiores a dos seres humanos é contrário aos conceitos de reencarnação dados pelos conceitos espíritas, que diz que a alma humana não poderia voltar à condição anterior de evolução, nem mesmo como punição. O espírito seja humano ou de outro ser que seja sempre progride.

Os Animais são nossos Irmãos

160. (...) **todas as almas, como possuem um mesmo ponto de partida, são criadas iguais, com uma mesma aptidão para progredir em virtude de seu livre-arbítrio; que todas são da mesma essência, e que não há entre elas diferença senão a do progresso realizado; que todas têm o mesmo destino e alcançarão a mesma meta, mais ou menos rapidamente conforme seu trabalho e sua boa vontade.** (*A Gênese* – Cap. I – nº 30)

Comentários: Repare que o enunciado diz que todas as almas têm a mesma origem e não especificou que tipo de almas. Não há especificação de que somente as almas de seres humanas têm a mesma origem, portanto se refere às almas de todos os seres orgânicos. Lendo *A Gênese*, verifica-se que todos os seres orgânicos têm alma. Assim, se pode concluir que todos os seres orgânicos são nossos irmãos, pois têm a mesma origem e são criados pelo mesmo Pai.

161. (...) o princípio inteligente, distinto do princípio material, se individualiza, se elabora, passando pelos diversos graus da animalidade. É aí que a alma se ensaia para a vida e desenvolve, pelo exercício, suas primeiras faculdades. Seria, por assim dizer, seu período de incubação. (*A Gênese* – Cap. XI – nº 23)

Comentários: O Princípio Inteligente, desde que é criado e começa a participar dos processos da evolução neste ou em outros mundos físicos, já é um indivíduo. No entanto, antes de passar por uma certa fase, ele se confunde com outros de sua espécie, pois que apresentam as mesmas aparências e se comportam do mesmo modo. Tendo comportamentos idênticos entre si até esta fase, não se pode distinguir um indivíduo de outro exceto por observações cuidadosas.

Desde que alcance aquela fase em que o indivíduo começa a se comportar de modo único, ele se torna distinto de outros que ainda continuam a se comportar de modo absolutamente instintivo.

Esta fase coincide com a fase de animalidade superior, que é uma das fases obrigatórias de nossa evolução, antes de chegarmos à fase humana.

162. A formação dos primeiros seres vivos pode-se deduzir por analogia da mesma lei segundo a qual são formados, e se formam diariamente, os corpos inorgânicos. À medida que nos aprofundamos nas leis da natureza, vemos seus mecanismos, que, a princípio, pareciam tão complicados simplificarem-se e se confundirem na grande lei da unidade, que preside toda obra da criação. Compreende-se melhor quando se leva em conta a formação dos corpos inorgânicos como seu primeiro estágio. (*A Gênese* – Cap. X – nº 3)

Comentários: Em outras palavras, podemos entender que os primeiros seres vivos se formaram a partir do mesmo principio que formou os primeiros seres inorgânicos, ou seja, os minerais. Como sabemos, há diversos átomos nos seres orgânicos, que são encontrados nos inorgânicos, porque temos a mesma origem.

À medida que o nosso entendimento sobre as coisas da Natureza e da espiritualidade aumenta e nos reconhecemos apenas como peças que envolvem os mecanismos da Natureza, percebemos que tudo evolui e tende à Unidade, ou tende a se aproximar da perfeição. Por isso se torna simples o entendimento de que os seres orgânicos fazem parte do início desta evolução.

163. A formação dos primeiros seres vivos pode-se deduzir por analogia da mesma lei segundo a qual são formados, e se formam diariamente, os corpos inorgânicos. (*A Gênese* – Cap. X – nº 3)

Comentários: A criação dos primeiros seres vivos aconteceu do mesmo modo como ainda hoje acontecem as novas criações de novos seres vivos, pois Deus não para nunca de criar.

164. (...) sendo filhos de um mesmo pai, são objeto de sua igual solicitude; nenhum será mais favorecido ou melhor dotado que os demais (...) (*A Gênese* – Cap. XI – nº 7)

Comentários: Sendo todos os seres criações divinas, todos são sujeitos à mesma atenção e todos têm a mesma importância, não importando se se trata de um minúsculo e ínfimo grão de areia ou o mais elevado ser espiritual que se possa imaginar. Todas as criações divinas são importantes porque todos são partes integrantes do Universo e de um equilíbrio único.

165. (...) o Espírito só chega a receber a iluminação divina que lhe dá, simultaneamente, com o livre-arbítrio e a consciência, a noção dos seus altos destinos, após ter passado pela série divinamente fatal, dos seres inferiores, entre os quais se elabora, lentamente, sua individualidade. É somente a partir do dia em que o Senhor imprime sobre sua fronte seu augusto sinal que o Espírito toma seu lugar entre as humanidades. (*A Gênese* – Cap. VI – nº 19)

Comentários: O Espírito não se torna um Espírito de elevada categoria moral sem antes passar por fases primitivas de evolução, como por exemplo, a fase de animalidade. Somente depois de passar pela fase animal é que o Espírito recebe o "aval" de Deus para ocupar as altas esferas espirituais. Portanto, a fase em que se encontram os animais, isto é, os espíritos, que estagiam na fase animal, algum dia se tornarão espíritos aptos a estagiar na fase humana.

166. O elemento espiritual individualizado constitui os seres chamados *Espíritos* (...) (*A Gênese* – Cap XI – nº 6)

Comentários: Algumas pessoas dizem que somente os seres humanos são dotados de Espírito e que os outros seres vivos não possuem alma ou espírito. Este enunciado faz cair por terra esta tese preconceituosa, pois, segundo também lemos no livro *A Gênese*, todos os seres orgânicos têm alma (ou espírito).

167. Tudo concorre para provar que houve criação simultânea e múltipla (...) (*A Gênese* – Cap. X – nº 2)

Comentários: A Ciência atual atribui ao acaso o surgimento de novas espécies, mas, ao que se sabe, as novas raças e espécies surgem simultaneamente e com as mesmas características. Quais seriam as possibilidades de surgirem seres idênticos de diferentes mães, isso considerando o surgimento de espécies de animais superiores, em lugares distintos ao mesmo tempo e ao acaso? Nenhuma, pois o acaso se refere a fatos fortuitos e não inteligentes e integrados a uma sequência inteligente. A promoção de eventos inteligentes que determine o aparecimento de uma nova espécie está a sob a responsabilidade dos trabalhadores espirituais encarregados disso.

168. O corpo é, ao mesmo tempo, invólucro e instrumento do Espírito e, à medida que este adquire novas aptidões, reveste-se de um corpo apropriado ao novo gênero de trabalho que deve realizar, como se dá a um operário ferramentas menos grosseiras à medida que ele seja capaz de fazer uma obra mais delicada. (*A Gênese* – Cap. XI – nº 10)

Comentários: A relação que há entre a evolução das espécies e a evolução do Espírito está no fato de que, a cada passo evolutivo do espírito, deve haver um corpo correspondente a este crescimento evolutivo que permita a este espírito expor todo o seu potencial intelectual e, talvez, moral.

169. Desde que um Espírito nasce para a vida espiritual, ele deve, para seu adiantamento, fazer uso de suas faculdades, a princípio, rudimentares. Por essa razão, ele se recobre de um envoltório corporal adequado ao seu estado de infância intelectual, o qual deixa, para se revestir de outro, à medida que suas forças vão aumentando. Ora, como houve em todos os tempos mundos, e estes deram nascimento a corpos organizados, próprios a receber Espíritos, em tempos esses encontraram, qual-

quer que fosse seu grau de adiantamento (...) (*A Gênese* – Cap. XI – nº 12)

Comentários: Desde que um princípio inteligente é criado e lançado à evolução no mundo físico, este precisa, para adiantar-se, usar seu potencial intelectual, ainda que primário, no início de sua evolução. Para que possa se manifestar no mundo físico, o princípio inteligente, ou espírito, utiliza corpos físicos, característicos de cada fase evolutiva.

À medida que este aprende e cresce intelectual e espiritualmente, a cada reencarnação (as reencarnações existem nas fases primitivas dos reinos orgânicos também), este espírito recebe um corpo adequado à fase evolutiva em que se encontra, mas cada vez que este envoltório envelhece ou perde a vitalidade, ele o abandona para retornar ao mundo espiritual e se prepara para receber outro corpo físico para que possa continuar a aprender com as experiências no mundo físico.

Como Deus cria de toda eternidade, há corpos próprios a receber os espíritos em qualquer época que seja e em qualquer fase evolutiva que seja. Isso demonstra que, na verdade, os corpos, ou as espécies, não evoluem, mas vão sendo introduzidas pelos trabalhadores espirituais nos mundos onde se façam necessários aos espíritos de que deles necessitem para evoluírem.

170. Esse sistema, baseado sobre a grande lei de unidade que preside a criação, corresponde, é preciso convir, à

justiça e à bondade do Criador. Dá uma saída, um alvo, um destino aos animais, que não seriam mais seres deserdados, mas encontrariam no futuro que lhes está reservado uma compensação a seus sofrimentos. (*A Gênese* – Cap. XI - nº 23)

Comentários: Crer que os animais existam somente para nos servir é o mesmo que crer que Deus criaria seres para serem eternamente sofredores, que nunca evoluiriam e nunca receberiam uma compensação a estes sofrimentos. Crer que os animais não evoluam e somente existam para nos alimentar é admitir que Deus seria injusto e admitir o primitivismo de nossa espécie animal. No entanto, os animais não existem para nos servir e não foram criados como nossos objetos de uso e abuso, mas são seres que vivem e aprendem com as adversidades do mundo e se tornarão seres angelicais algum dia.

171. Por ter passado pela fieira da animalidade, o homem não seria menos homem; não seria animal, como o fruto não é raiz, ou o sábio não é o disforme feto, pelo qual veio ao mundo. (*A Gênese* – Cap. XI – nº 23)

Comentários: Por ter passado pela fase animal o ser humano não precisa se sentir humilhado e nem se sentir menor, pois, ao contrário, deveria se sentir mais elevado, pois passou por aquela fase e conseguiu alcançar outra mais elevada, ou seja, a fase humana.

172. Na natureza tudo se encadeia e tende à Unidade.
(*O Livro dos Espíritos* – Cap. XI – nº 607a)
Comentários: O espírito passa por todas as fases de evolução e deverá alcançar a perfeição, algum dia. Isso é inevitável, pois faz parte da lei do progresso, o qual tudo o que há no Universo está sujeito.

173. O progresso é a condição normal dos seres espirituais, e a perfeição relativa é a meta que devem atingir.
(*A Gênese* – Cap. XI – nº 9)
Comentários: A perfeição relativa, pois a perfeição absoluta somente Deus pode tê-la.

Pequenas Histórias – Grandes Consequências

A vida na Fazenda Modelo

Ele nasceu naquela fazenda e lá era tudo o que conhecia deste mundo. Na verdade, nunca teve sequer a oportunidade de conhecer o que existia fora daqueles limites de terras, apesar de toda sua curiosidade.

Desde muito jovem acostumou-se à vida rústica do campo, pois a sua vida se resumia a trabalhar e trabalhar. Tornou-se adolescente e mostrou alguma aptidão para o trabalho, imediatamente foi levado à roça onde trabalhava a terra para o cultivo de café com o pai, a mãe e alguns outros companheiros.

Alguns não eram dados ao trabalho e nunca trabalharam, mas o patrão nem ligava para isso e ainda lhes premiava com fartas refeições. Ele era uma pessoa muito boa, mas algumas vezes parecia ingênuo. Imagine! Premiar o corpo mole.

O patrão deveria saber o que fazia. Ao final da tarde, depois de cada dia sob o sol, nada melhor do que descansar um pouco ao lado de sua mãe e de seu pai. Ambos, também, trabalhadores incansáveis. Para eles não existia tempo frio nem quente demais, mas, ao menos uma vez por semana, descansavam para que os músculos pudessem relaxar à espera da semana seguinte de trabalhos. A família trabalhava sempre junta, cada qual procurando dar o máximo de si, para agradar ao patrão, que sempre se mostrou uma pessoa justa e boa que nunca deixava faltar o alimento do dia a dia.

Certa ocasião alguém chegou perto de seu pai e o levou à presença do patrão. Deveria ser algo muito importante, pois era a primeira vez que o pai ia sozinho até ele. Aparentemente era algo que eles dois não poderiam saber. Algo grave deve ter acontecido, pois o pai não retornou naquele dia e foi visto partindo em um caminhão, com outros companheiros. Todos estavam muito tristes. Algo grave deve ter acontecido, mas o filho preocupado teria de esperar pela volta do pai para saber o que o preocupou tanto. Certamente voltaria logo.

O jeito era aguardar e continuar trabalhando. Afinal era para isso que o patrão o pagava. Para trabalhar. E ele se sentia na obrigação de retribuir todo o carinho que recebia do patrão trabalhando. Afinal lhes dera um bom lugar para morar e a comida era das melhores.

Mas os dias se passaram e o pai não retornou. O que poderia ter acontecido? Por que o pai e os outros que foram juntos não voltaram. Teria acontecido algo no caminho.

Certamente o patrão não deixaria algo de ruim acontecer ao pai. Afinal era o melhor trabalhador. Ele era o que contribuía com os maiores lucros da fazenda.

O patrão não deixaria que algo de ruim acontecesse ao seu pai. Ele confiava no patrão como se ele fosse seu próprio pai.

Mais um dia de trabalho sem o pai, mas a mãe continuava ali. Um tanto triste pela ausência do marido, mas sempre disposta ao trabalho.

Contudo o patrão merecia toda aquela devoção, afinal, pois ele era um homem muito bom.

Mas algo o fez esquecer por instantes a ausência do pai. A mãe se acidentou ao escorregar em uma poça de lama e fraturou a perna esquerda.

Foi horrível vê-la sem poder fazer nada para ajudar. Ela gritava de dor, mas nada podia fazer, exceto chamar pelo patrão para que ajudasse. Foi o que fez. Gritou com todas as forças de seus pulmões tentando chamar a atenção do patrão que estava longe. Logo vieram duas pessoas que conversavam sobre o caso de minha mãe.

Claro que conversavam sobre o melhor tratamento para ela. Não demorou muito e a colocaram no caminhão e a levaram. Logo ela deve voltar. O jeito é não pensar muito e tentar esquecer de tudo, trabalhando. Então voltou a trabalhar para não se lembrar que o pai se demorava muito e não se preocupar com a saúde da mãe. O patrão é muito bom e cuidará bem dela.

Muitos dias se passaram sem que o pai ou a mãe voltassem, mas o patrão deveria estar cuidando de tudo.

Muitos meses se passaram sem notícias dos pais, até que o patrão veio em direção aos companheiros de trabalho, que descansavam naquele domingo. Ele vinha acompanhado de um senhor que ele reconheceu como o que conduziu o caminhão no dia em que seu pai se foi. Talvez tivesse, finalmente, notícias dos pais.

Mas os dois nada diziam e somente os observavam enquanto anotavam algo em uma folha de papel. Apontavam para alguns dos trabalhadores que aproveitavam o dia para descansar.

Quando aquele senhor apontou para ele, na verdade, ficou feliz. Talvez o levassem para onde os pais estavam.

Feliz como estava se aproximou daquele senhor e o beijou no rosto. Mesmo não o conhecendo sentiu que deveria fazer isso em agradecimento antecipado pelo que iria fazer por ele. O patrão riu com o desconhecido estranhando o comportamento inesperado. Em seguida saíram dali. Não demorou muito vieram buscá-los para irem ao caminhão.

A viagem era longa. Três horas na caçamba de um caminhão era cansativo, mas ao final do dia chegaram ao destino onde outros já aguardavam ansiosos.

O único que parecia feliz com a viagem era ele, que esperava encontrar os pais, pois todos os demais e os que já estavam ali pareciam taciturnos e cabisbaixos. Parecia uma grande reunião onde vários trabalhadores rurais se encontravam. O que ele estranhou foi o fato de haver várias pessoas andando entre os companheiros, gritando e gesticulando bruscamente. Alguns dos companheiros se assustavam e empurravam-se entre si. De repente o jovem do interior sentiu uma fisgada nas pernas.

Um dos homens, que segurava um objeto nas mãos, aplicava descargas elétricas nas suas pernas obrigando-o a correr dali assustado para outro canto, que parecia ser mais seguro. Quem seriam aqueles homens estranhos e de comportamentos tão agressivos?

O que pretendiam com toda aquela agressão?

Depois daquele comportamento, no mínimo estranho dos desconhecidos e mesmo sem saber o que pensar a respeito, aguardou, ansioso, por algo. Esticando o seu corpo ele levantou o pescoço para tentar encontrar o patrão ou seus pais, mas quase todos eram estranhos. Onde estaria seu patrão? E os pais? Enquanto pensava, vários dos companheiros começaram a correr em sua direção obrigando a correr também para não ser pisoteado.

O que aqueles homens pretendiam com aqueles choques. Parecem malucos. Que brincadeira sem graça. A julgar pelo comportamento excessivamente agressivo, não parecia ser nenhuma brincadeira. Melhor seria não ficar perto deles. Os companheiros assustados se aglomeravam em um canto que se tornava cada vez mais apertado e o único caminho a seguir era um corredor estreito por onde teriam de fazer fila única para atravessar.

Tudo isso só para fazer com que passassem por aquele corredor. Talvez se pedissem fosse mais fácil. Não precisavam ser agressivos. Para evitar mais choques, obedeciam. Então todos começaram a seguir pelo corredor onde uma porta se abria e fechava rapidamente no final dele.

O portão se aproximou lentamente e logo seria a sua vez de atravessá-lo. Por que tanta demora em passar? Talvez ou o patrão ou os pais estivessem do outro lado.

Finalmente chegou a sua vez e a porta se abriu. Depois de permanecer muitos minutos naquele corredor estreito e escuro, uma luz intensa ofuscou sua visão, dificultando sua vista. Rapidamente ele atravessou o portão à procura de alguém que conhecesse, mas parecia que aquele lugar não dava para lugar algum.

Olhou para um lado e depois para o outro. Não havia saída. Que estranho! Para onde teriam ido todos os que o precederam? Não havia para onde ir, então o melhor era esperar. Talvez alguém mostrasse o caminho.

Repentinamente sentiu que alguém apagou as luzes e sentiu uma enorme dor de cabeça, como se um enorme peso comprimisse seu crânio. Quanta dor.

Sentiu uma tontura, como se sua cabeça girasse, mas ainda assim conseguiu olhar para cima e viu uma pessoa segurando uma enorme marreta inteiramente manchada de seu sangue. Aquela atitude o deixou confuso.

O que ele teria feito para ser tão covardemente agredido? Em seguida sentiu que o chão lhe faltava e rolou para dentro de um lugar, no mínimo macabro, onde havia corpos de amigos seus espalhados por todos os lados.

Alguns decapitados e outros esfolados. Ao seu lado percebeu que tinham várias cabeças sem corpo empilhadas umas sobre as outras. Aquilo parecia um pesadelo. Certamente logo acordaria e ele riria do mau sonho e sua vida voltaria ao normal. Em seguida sentiu seus pés sendo atados por correntes e seu corpo foi elevado, deixando-o pendurado de cabeça para baixo.

A pressão em sua cabeça aumentou ainda mais. A dor parecia insuportável, quando alguém se aproximou dele portando uma enorme faca. O que ele pretendia com aquele objeto cortante?

A resposta veio com um golpe em sua jugular. O sangue escorria por seu pescoço, formando poças.

Em seguida, outro golpe rompeu seu abdome e sua pele, que atada a um aparelho lhe foi arrancada como se fosse uma blusa retirada a força. A dor era terrível. Queria gritar, mas não podia. Sua voz sufocada chamava por seus pais.

Quando achou que não mais suportaria tal dor, viu uma luz. Parecia ser a luz do sol. A dor sumiu finalmente. Não estava mais pendurado por correntes e não havia mais sinal de nenhum de seus carrascos. Parecia impossível ter sobrevivido, mas ele estava se sentindo vivo, quando viu seus pais ao seu lado, acompanhados por algumas pessoas vestidas de longos aventais brancos. A alegria do reencontro o fez esquecer do sofrimento que passou há pouco.

Um dos que acompanhavam seus pais disse:

"Algum dia isso acabará. Algum dia as pessoas não mais matarão irmãos, sejam bovinos, suínos, equinos, caprinos, ou qualquer que seja para se alimentarem. Algum dia, os humanos encarnados perceberão que estão fazendo consigo mesmos e deixarão de se alimentarem com as carnes de seus próprios irmãos".

O NOVO E O VELHO

Era uma manhã ensolarada. O sol, que acabava de despontar no horizonte, iluminava a montanha coberta por uma floresta verdejante à direita e tornava azuladas as águas do mar à esquerda.

Um rapaz de seus 15 ou 16 anos caminhava pela praia nesta manhã e reparou que ela estava repleta de pequenos seres marinhos, arrastados pela maré noturna para as areias que se tornavam cada vez mais aquecidas pelo calor do sol que se elevava cada vez mais do horizonte e era uma ameaça às suas vidas frágeis.

A praia de areias brancas ficou acinzentada pela enorme quantidade destes seres conhecidos como bolachas do mar. Estes pequenos seres possuíam pernas minúsculas como filamentos adaptados a caminhar dentro d'água, mas não fora dela.

Por isso não conseguiam por si só retornar ao mar. Eram milhares. Não. Milhões deles espalhados por toda a extensão da praia. Na verdade era um número incontável deles ali se aquecendo perigosamente ao sol nascente daquele horário da manhã.

O rapaz ficou admirado com a quantidade destes pequenos animais por ali, mas, segundo ele mesmo, nada poderia fazer por eles e, despreocupadamente, continuou a caminhar pelas areias macias e úmidas daquela praia em seu passeio matinal daquele domingo ensolarado.

Mais adiante, naquela praia deserta, o rapaz encontrou um senhor que deveria ter seus 70 ou talvez até mesmo 80 anos de idade, a julgar por seus cabelos grisalhos e sua pele envelhecida e sulcada.

Aquele senhor, que pela idade andava encurvado, abaixava repetidas vezes para alcançar com as mãos os pequenos animais ressequidos, mas ainda vivos, que, espalhados pela areia, esperavam pela alta da maré para sobreviverem, recolhendo alguns daqueles que apanhava e os colocava dentro de um pequeno recipiente plástico. A pequena vasilha estava abarrotada destes pequenos seres marinhos e de tempos e tempos o senhor andava até o mar com uma dificuldade evidente em sua caminhada e despejava todo o conteúdo dentro da água salgada e salvadora.

Todos aqueles animais que estavam dentro do recipiente eram devolvidos ao mar e encontravam a salvação de que necessitavam antes que o sol os matasse desidratados.

Com muita dificuldade o senhor de costas arqueadas e braços trêmulos retornava à praia para recolher mais uns dez ou doze destes pequenos seres com seu andar lento e medido.

O rapaz viu o esforço do velho senhor e seu empenho em recolher pequenas quantidades daqueles animaizinhos que não poderiam retornar ao mar sozinhos. O rapaz ficou ali a observar o trabalho daquele senhor por alguns minutos e ficou pensativo ao verificar a quantidade daqueles animais espalhados por toda praia.

A praia estava abarrotada e o que o senhor recolhia era insignificante se comparado ao total de animais espalhados pela areia. O rapaz ficou tocado pelo esforço que o senhor empenhava naquela coleta que pouco ajudaria a resolver o problema daqueles milhões de animais.

Não se contendo, o rapaz se aproximou daquele senhor e perguntou a ele: "Por que tanto esforço para recolher apenas alguns destes animais? Não percebe que são milhões deles? Não é possível salvar todos. Vale a pena tanto o esforço para salvar apenas alguns? Creio que não fará diferença devolver apenas alguns deles à água, pois são milhões deles espalhados por toda a extensão da praia".

O velho senhor, que até então estava com seus pensamentos voltados para a sua atividade solitária, olhou para o jovem e em seguida olhou para o chão onde estavam os pequenos seres que precisavam de sua ajuda e continuou com seu trabalho de recolher um a um os animais e em seguida disse, sem parar de fazer o que fazia: "Para este – falou ele, mostrando um dos animais ao jovem – fará diferença".

Depositando o espécime no balde, apanhou outra bolacha do mar e mostrou ao rapaz, dizendo novamente:

"Para este também fará diferença". Em seguida pegou mais uma e disse novamente: "E para este também e este e este e este..." – repetiu ele, várias vezes a mesma frase, a cada vez que os pegava, antes de depositá-los no recipiente que carregava com zelo.

O rapaz ficou pensativo e ao mesmo tempo admirado com o argumento simples daquele senhor, que parecia mais preocupado em prosseguir com seu trabalho do que conversar. Por alguns minutos o rapaz ficou pensativo.

Então o rapaz de cabelos descoloridos por alguma substância química que os tornava amarelados olhou para trás e mediu com os olhos a extensão da praia coberta por bolachas do mar e depois para frente.

Pensativo ele coçava a cabeça como tentando entender o ponto de vista do homem zeloso com os animais. Alguns minutos depois era possível ver os dois, o velho e o novo, recolhendo os animais e devolvendo para o mar.

O Homem Gentil e os 40 cães

Ele morava em um terreno amplo, mas sem muito luxo, aliás, sem nenhum luxo, ao lado de 40 cães. Como fazia todas as manhãs, saiu para tentar a vida, ao menos por aquele dia, levando consigo uma espécie de carrinho de mão, onde colocaria o produto de seu dia de trabalho.

Os 40 amigos latiam já antecipando as saudades pela ausência do amigo, que mal acabara de se afastar de casa.

O dia estava difícil, principalmente para quem trabalha autonomamente, pois a concorrência era cada vez maior, em um país, como o nosso, onde o povo passa por dificuldades financeiras sérias. Alguns de nossos políticos se gabam de sermos o país que mais recicla latas de alumínio e papel.

Realmente é muito bom que isso seja feito para poupar mais a Natureza, mas indica principalmente a nossa pobreza. Pobreza essa que obriga as pessoas a revirarem os sacos de lixo para procurar o que puder ser reciclado e conseguir um sustento mínimo.

Depois de preencher o carrinho ele levava tudo o que conseguisse para um depósito de ferros-velhos que comprava material destes tipos, mas pagavam valores irrisórios.

Por pouco que fosse o valor recebido, era o seu único meio de sobrevivência. Entretanto, já passava das oito horas da manhã e ele ainda não havia conseguido encontrar papéis e latas suficientes para encher o seu carrinho de mão. Por onde passava, os sacos de lixo já tinham sido revirados, as latas já haviam sido retiradas e não havia mais papéis recicláveis.

A caminhada deveria ser persistente e precisaria continuar enquanto não preenchesse todo o carrinho uma vez que somente estando totalmente repleto ele conseguiria o suficiente para receber uma compensação financeira mínima para viver.

A luta era diária e, a cada dia, as coisas se tornavam mais e mais difíceis, pois havia muitos outros à procura de recicláveis, assim como ele, e um emprego já não era possível porque ele não tem mais uma idade que atraia algum empregador.

Não era mais jovem, e o país estava numa fase em que os empregos estavam em escassez. O jeito era continuar a recolher papéis e latas para vender aos depósitos.

As horas passavam e a tarde estava caindo, mas o seu carrinho ainda não estava completo. Se não conseguisse preenchê-lo, seria o segundo dia consecutivo sem conseguir o seu meio de vida. Ele não estava conseguindo encontrar recicláveis suficientes, mas estava confiante e não pretendia desistir. Mesmo exausto, continuou a abrir sacos de lixo, que encontrava, em busca de algo aproveitável.

Passando perto de uma rua deserta, encontrou vários sacos intactos. Que sorte! Ninguém ainda tinha revirado aquele lixo. Era possível que encontrasse o suficiente para salvar o dia. Ao se aproximar encontrou um grande saco repleto de papéis e outro de latas de alumínio. Que ótimo!

Enquanto recolhia o seu material reciclável, notou um ruído, que o fez desviar sua atenção.

O som vinha de perto como se houvesse outra pessoa mexendo nos sacos próximos de onde ele estava. Mas não havia ninguém. Ele estava só. Curioso, olhou ao redor, porém o ruído cessou e ele voltou ao seu trabalho de busca às suas latas e papéis. Entretido com sua atividade, voltou a perceber que o ruído retornara. Parecia vir da sua direita. Certamente não era uma pessoa e nem vento, pois não estava ventando também. O ruído parou novamente e pensou: "O que será que está fazendo este barulho?".

Deixando o que fazia, ele ficou ainda mais curioso e resolveu seguir o som para tentar descobrir o que era. Notou que um dos sacos se movia e produzia aquele som. Para sua surpresa ao abrir o saco de lixo repleto de restos de cozinha e de todo tipo, encontrou um filhote de cão sem raça agonizando, quase sufocando.

O filhote não deveria ter mais do que vinte ou trinta dias. Rapidamente retirou-o dali e soprou em sua face para reanimá-lo, mas o pequeno parecia muito fraco e, quase desfalecido, mal podia respirar. Continuou a soprar e limpou sua boca e focinho, retirando sujeiras que estavam aderidas e liberou a sua respiração.

Aquele senhor não mais pensou nas suas buscas e abandonou o que fazia, acomodou o pequeno em seu carrinho e se afastou dali, daquele beco isolado.

Depois de muitos quarteirões, chegou ao terreno abandonado onde vivia. Imediatamente uma comitiva de cães o recepcionou com um coro de latidos desencontrados, mas felizes pelo retorno do querido amigo.

Mais do que depressa, correu para um local coberto onde ele guardava seus pertences e retirou uma tina com água que pretendia usar para lavar o filhote. Era a água que ele tinha para sua higiene pessoal. Procurando aquecer o filhote abandonado, ele acendeu uma fogueira para esquentar a água antes de lavar o pequeno. A aparência do cãozinho era consternadora e o odor de lixo era forte. As feridas abertas estavam infeccionadas.

Com todo cuidado o homem mergulhou o filhote na água e limpou suas feridas.

Ao seu redor se reuniram dezenas de cães silenciosos, que observavam o trabalho cuidadoso, parecendo desejar boa sorte ao filhote abandonado. Todos o observavam e esperavam como se quisessem saber se o pequeno ficaria bem. O silêncio respeitoso continuou até ser quebrado quando o tratamento emergencial chegou ao fim.

E estando limpo, o homem pegou o pequeno cão e o mostrou aos outros, que latiram, aliviados ao perceberem que o pequeno estava bem e corriam de um lado para outro demonstrando alegria por mais um companheiro que foi salvo por aquele que era o melhor amigo daqueles que chegaram ali, também, em condições.

Quase todos se aproximaram para saudar o mais novo membro da família. Estando limpo ele fez um sinal a uma cadelinha sem raça, magra, mas saudável, que ainda mantinha suas mamas cheias de leite, pois amamentava.

Sem resistência alguma, a cadelinha se achegou e se deitou ao lado com a barriga para cima, oferecendo seu leite ao filhote. Imediatamente o senhor colocou o filhote em contato com as tetas magras. O filhote estava ávido e sugava sofregamente o leite que vinha abundante em sua pequena boca.

Por alguns minutos todos ficaram assistindo àquela cena até que o pequeno adormeceu, satisfeito. Sabendo que a cadelinha era boa mãe e que cuidaria do filhote como se fosse seu, ele retornou ao seu trabalho de coleta. Ao final do dia conseguiu recolher latas e papéis suficientes para comprar um pequeno saco de farinha, um punhado de mandiocas e batatas. Finalmente algo para comer.

Chegando em casa ele pegou um caldeirão e acendeu a fogueira para cozinhar o que conseguiu. Depois de alguns minutos a mistura estava pronta.

O mingau estava pronto para ser servido. Com máximo cuidado distribuiu a comida para cada um dos animais que estavam sob seus cuidados e todos aguardavam pacientemente.

Depois que todos tinham sido servidos, ele se serviu.

Este é um exemplo de alguém que não se vê como um superior aos animais e não toma os como seus inferiores, mas os têm como irmãos.

BIBLIOGRAFIA

Obras de Allan Kardec citadas:

O Livro dos Espíritos. 76. ed. Brasília: FEB, [1860] 1995.
O que é o Espiritismo? 37. ed. Brasília: FEB, [1859] 1995.
O Livro dos Médiuns. 62. ed. Brasília: FEB, [1861] 1996.
O Evangelho segundo o Espiritismo. 112. ed. Brasília: FEB, [1864] 1996.
O Céu e o Inferno, ou a justiça divina segundo o Espiritismo. 40. ed. Brasília: FEB, [1865] 1995.
A Gênese, os Milagres e as Predições segundo o Espiritismo: conforme a 1ª edição original. 2. ed. São Paulo: Fundação Espírita André Luiz (FEAL), [1868] 2018.
Obras Póstumas. 26. ed. Brasília: FEB, [1890] 1996.
Revista Espírita: Jornal de Estudos Psicológicos. Terceiro ano – 1860. 1. ed. Araras (SP): Instituto de Difusão Espírita, 1993.

feal
Fundação Espírita André Luiz

Há décadas a Fundação Espírita André Luiz – FEAL se dedica à missão de levar a mensagem consoladora do Cristo sob a visão abrangente do Espiritismo.

Com o compromisso da divulgação de conteúdos edificantes, a FEAL tem trabalhado pela expansão do conhecimento por intermédio de seus canais de comunicação do bem: Rede Boa Nova de Rádio, TV Mundo Maior, Editora FEAL, Loja Virtual Mundo Maior, Mundo Maior Filmes, Mercalivros, Portal do Espírito e o Centro de Documentação e Obras Raras (CDOR), criado com o propósito de recuperar a história do Espiritismo.

E não há como falar da Fundação Espírita André Luiz sem atribuir sua existência ao trabalho iniciado pelo Centro Espírita Nosso Lar Casas André Luiz, que desde 1949 se dedica ao atendimento gratuito à pessoas com deficiência intelectual e física.

Aliada ao ideal de amor e comprometimento com esses pacientes e suas famílias realizado pelas Casas André Luiz, a Fundação Espírita André Luiz atua como coadjuvante no processo de educação moral para o progresso da humanidade e a transformação do Planeta.